KB075834

이융희

장르 비평가, 문화 연구자, 작가.

한양대학교 국문학 박사 과정을 수료하고
2006년 『마왕성 앞 무기점』으로 데뷔한 이래
현재까지 꾸준히 장르문학을 창작하고 있다.
청강문화산업대학교 웹소설 창작학과 조교수로 재직했으며
장르 비평 동인 텍스트릿의 창단 멤버이자 팀장으로
다양한 창작·연구·교육 활동에 참여했다.
현재 콘텐츠 제작 기업 지티이엔티 콘텐츠제작본부
소설 파트에서 웹소설 기획, 제작 업무를 담당하고 있다.
『웹소설을 가르치고 있습니다』『#판타지 #게임 #역사』
『비주류선언』(공저) 『악인의 서사』(공저) 등을 썼다.

웹소설 보는 법

웹소설 보는 법

스토리 IP의 신세계가
궁금한 이들에게

이융희 지음

웹소설 세계가 궁금한 당신에게

웹소설을 읽고, 쓰고, 연구하고, 교육하는 일을 두루 하다 보면 웹소설과 관련된 다양한 질문을 받습니다. 그중 가장 답변하기 힘든 질문이 있는데요. 바로 좋은 웹소설이 무엇인지 그리고 그런 웹소설을 추천해 줄 수 있냐는 질문입니다.

많은 분이 의아해하시리라 생각합니다. 어찌 보면 가장 답하기 쉬울 것 같은 질문인데, 왜 어렵다는 거지? 하면서요. 독서가 짧기 때문은 아닙니다. 저는 웹소설 작가인 동시에 연구자이자 교육자로 일하면서 하루에도 수십 편의 웹소설을 읽고 있거든요. 좋은 웹소설이 없기 때문도 아닙니다. 웹소설의 양이 횡적으로 무한에 가깝게 증식하면서 좋은 웹소설 또한 무척 많아졌습니다. 문제는 웹소설이나 저에게 있는 게 아닙니다. 바로 이 질문을 한 사람에게 있습니다. 웹소설을 많이 읽은 사람들은 이런 질문을 잘 하지 않습니다. 이때까지 한 번도 읽어 본 적 없지만, 웹소설이 요새 유행이라고 하니 한번 읽어 봐야겠다 결심한 사람들이 늘 좋은 작품, 입문용 작품을 추천해 달라 부탁하곤 하죠. 사실 제가 이런 질문을 어려워하는 까닭은 이미 답변하는 데 몇 번 실패했던 경험 때문입니다.

웹소설은 생각보다 장벽이 많은 텍스트입니다. 오늘날 '웹소설'이란 이름으로 유통되는 소설은 대체로 '장르문학'이기 때문이지요. 장르문학은 우리가 흔히 판타지, SF, 로맨스, 무협이라 부르는, 특정한 용어와 관습에 따라 암묵적인 구조와 법칙이 규정되어 있는 소설군을 일컫습니다.

실제로 이러한 계열의 작품에는 독특한 용어들이 다수 등장합니다. 이를테면 무협에서는 구파일방, 세가, 12성, 현경, 자연경, 초월경, 천마, 마교, 한서불침, 영약, 영물 같은 용어가, 판타지에서는 용, 드래곤, 마나, 써클, 클래스, 게임 시스템 창, 환생, 빙의 같은 용어가, 로맨스에서는 악녀, 영애, 육아물, 여공남수, 서브남주, 메인남주, 대형견공, 광공, 공수, 다공일수와 같은 용어들이 난

무합니다.

이러한 용어들은 짧은 분량으로 연재되는 웹소설에서 굳이 길게 설명하지 않더라도 내용을 빠르게 이해하도록 돕는 기호 역할을 합니다. 그러나 이 기호를 모르는 사람들에게는 웹소설 세계에 진입하는 것을 가로막는 장벽이기도 합니다. 기호에 담긴 장르의 의미를 받아들여야 작품을 제대로 읽고 즐길 수 있거든요.

아쉽게도 영어 단어 공부하듯 사전을 펼쳐 놓고 그 의미를 달달 외운다고 독해가 가능한 것도 아닙니다. 이런 용어들은 누구 한 사람이 하루아침에 만든 것이 아니라 다양한 작품 속에서 그 맥락과 계보를 따라 오랫동안 쌓여 왔기 때문입니다. 웹소설 독자들은 한 작품을 읽을 때 이전에 다른 작품을 읽으며 쌓은 수많은 데이터베이스를 떠올리고, 그 안에서 미세하게 조절된 의미망을 분별하며 또 다른 재미를 느낍니다.

그러다 보니 웹소설, 나아가 장르문학을 처음 접하는 사람들이 재미있어 할 만한 입문작은 아이러니하게도 웹소설 독자에겐 지루하고 느린 호흡에, 부연 설명이 잔뜩 있는 작품일 가능성이 큽니다. 지금 한창 유행하는 작품이 아니라 웹소설 문법이 생기기 시작한 초창기에 나온 작품일 가능성도 크지요.

물론 오늘도 수많은 독자들이 웹소설의 매력에 빠져들고 있습니다. 비교적 최근에 쓰인 웹소설을 읽고 감명받아 여러 작품을 찾아 읽는 사람도 늘었지요. 이러한 현상의 배경에는 웹툰과 드라마가 있습니다. 이미지와 영상으로 구현된 이야기를 따라가는 과정에서 장르의 문법을 무의식적으로 받아들인 시청자들이 자연스럽게 웹소설 독자로 흡수된 것이지요.

　　자, 다시 앞에서 이야기한 질문으로 돌아가 보겠습니다. 웹소설을 한 번도 읽어 보지 않은 사람에게 추천해 줄 만한 '재미있는 웹소설'이 무엇이냐는 질문. 저는 애초에 이 질문이 잘못되었다고 생각합니다. 이를 바꿔 '웹소설을 재미있게 읽는 방법은 무엇인가요?'라고 질문해야 합니다. 웹소설은 지금 이 순간, 하루에도 수백 종이 출간되고 있습니다. 이 세상 어떤 콘텐츠보다 빠르고 세찬 속도로 출간되는 것이 웹소설이라는 텍스트입니다. 단지 그것을 어떻게 읽어야 재미를 찾을 수 있는지 모를 뿐이지요.

　　지금부터 제가 하려는 이야기는 웹소설을 감각하는 방법입니다. 단순히 읽는 방법이 아니라 '감각'이라고 하는 이유가 있습니다. 웹소설은 단순히 소설의 서사를 읽는 것으로 끝나지 않고, 수많은 작가와 독자들이 실시간으로 연결되어 함께 즐기는 놀이 문화이기 때문입니다. 따라서 여러분이 웹소설을 제대로 읽으려면 단순히 웹소설을 독해하는 데 그치지 않고, 지금 이 글을 읽는 내가 어떤 감정을 느끼는지, 어떻게 감각하는지 끊임없이 살펴보는 것이 중요합니다.

이 책은 이미 웹소설을 충분히 즐기는 독자보다는 웹소설을 잘 모르지만 궁금해하고, 알고 싶어 하는 독자를 위한 안내서이자 해설서입니다. 어린 자녀와 웹소설에 대해 이야기 나누고 싶은 사람, 취미로 웹소설을 읽는 친구와 공감하고 싶은 사람, 여가 시간에 빠르고 간편하게, 재미있는 소설을 읽고 싶은 사람, 인기 웹툰이나 드라마의 원작을 읽고 싶은 사람, 세상사를 가장 빠르게 반영한 텍스트 콘텐츠를 접하고 싶은 사람, 웹소설 시장의 성장 가능성과 가치를 이해하고 싶은 사람, 요즘 수많은 사람들이 열광하는 웹소설이라는 콘텐츠가 궁금한 사람……. 이 모든 사람들의 궁금증을 해결하고, 웹소설 세계로의 진입을 돕는 것이 이 책의 목표입니다.

그렇다고 거창한 독해법이나 웹소설과 장르문학을 학문적으로 비평하는 방법을 알려 주기는 조금 어렵겠지요. 궁극적으로 제가 할 일은 웹소설이 무엇인지, 그 안에서 다루는 장르가 무엇인지 아직 하나도 모르는 독자를 위해 아주 기초적인 이정표를 그려 보이는 것이니까요.

이 책을 손에 든 여러분도 마음의 부담을 내려놓기를 바랍니다. 그래야 비로소 지금껏 경험해 보지 못한 환상 세계의 기호들이 어떤 의미를 갖는지, 그 의미들이 결합하여 얼마나 흥미로운 세계를 구현하는지 하나둘 눈에 들어올 겁니다.

들어가는 말

－웹소설 세계가 궁금한 당신에게

I 웹소설의 탄생 과정

II 웹소설을 읽기 전에

III 웹소설 본격 읽기

나오는 말

－웹소설의 진입장벽을 넘어

I
웹소설의 탄생 과정

{ 1 }
웹소설과 장르문학

제가 대중 인문학 강연장에서 웹소설에 대해 강연하기 시작한 건 2017년 무렵부터입니다. 대중 인문학 강연장에는 보통 웹소설을 잘 아는 사람보다 잘 모르는 사람의 비중이 훨씬 높습니다. 특히 2017년 전후엔 웹소설을 알고, 즐겨 읽는 사람들의 비중이 전체 수강생의 10퍼센트가 채 되지 않을 정도였습니다. 이들이 웹소설 강연을 듣는 이유가 대체 무엇일지 궁금해 직접 이야기를 나눠보았습니다. 이유는 크게 두 가지였습니다. 첫 번째는 당시 막 시장이 커지기 시작했던 '웹소설'이 도대체 무엇인지 알고 싶어서, 두 번째는 반드시 웹소설이 아니더라도 소설을 쓰고 싶어서였습니다.

특히 두 번째 이유로 웹소설 강연을 듣는 수강생들은 저를 붙잡고 이런 이야기를 하곤 합니다.

"제 삶을 소설로 쓰면 정말 끝내주는 소설이 나올 텐데. 특히 제 첫사랑 이야기가 진국이거든요."

그럼 저는 웃으며 이렇게 대답하죠.

"선생님의 경험이 소설은 될 수 있을지 모르겠습니다만 웹소설은 되기 어렵습니다."

이런 말을 들으면 제가 마치 자신의 인생을 폄하한 것처럼 화를 내는가 하면, 도대체 왜 자신의 이야기는 웹소설이 될 수 없는지 배움을 청해 오는 경우도 있습니다. 그런 수강생에게는 이렇게 설명합니다. 웹소설로 유통되는 작품의 99퍼센트는 장르문학이기 때문이라고요.

장르문학은 독자가 아무 사전 지식이 없는 상태에서 오로지 소설의 내용만으로 소통하는 문학이 아니라, 특정한 문법을 관습적으로 공유한 상태에서 작가와 독자가 함께 대화하는 일종의 놀이와 같은 문학을 일컫습니다. 그렇기에 오로지 작가의 개인적인 삶과 강렬한 감정만을 풀어내는 데 집중하는 첫사랑 이야기는 웹소설 형태로 선보이기 어려운 것이지요. 이야기 못지않게 그 것을 표현하는 언어와 관습 역시 중요합니다.

이 시점에서 웹소설로 유통되는 장르문학이 무엇인지, 그리고 '장르'가 무엇인지 제대로 이해할 필요가 있습니다. 흔히 '어? 모두 같은 거 아니야?'라고 생각할 수 있을 겁니다. 정확히 말하자면 웹소설과 장르문학은 서로 다른 개념입니다. 웹소설은 소설이 연재되는 형식과 기술적인 형태를 일컫는 용어로, 스마트폰 어플리케이션을 기반으로 편당 4,500자에서 5,000자 이내의 글을 나누어 판매하는 형식을 말합니다. 그리고 웹소설 형태로 유통되는 서사 양식 중 환상성을 토대로 하며 상상력을 가미한 이야기의 체계를 소위 장르문학이라고 부릅니다.

이 시대의 장르문학은 환상을 다루는 다양한 하위범주의 대중소설을 합쳐 부르는 용어로 고정되었습니다. 쉽게 말해 판타지, 로맨스, SF, 추리, 공포, 스릴러, 호러, BL, 무협, 좀비 등 특정한 소재나 서사의 양식을 정형화된 코드를 활용하여 관습적으로 서술한 글을 장르문학이라 부릅니다.

사실 장르문학은 1990년대 전후 우리 사회에 갑작스럽게 탄생한 말이라, 제대로 의미가 정리되지 않았습니다. 심지어 '장르'라는 단어의 뜻조차 시대에 따라 계속 변화했고, 장르문학의 하위범주로 이야기하는 판타지, 로맨스, SF, 추리, 공포, 스릴러 역시 의미나 범위가 계속 변화하고 있지요. 장르의 의미가 변화한다는 건 끊임없이 새로운 장르문학 작품들이 누적되며 기존의 의미가 사라지고 새로운 의미가 생기길 반복한다는 뜻입니다. 지금 추리나 무협의 해시태그를 단 웹소설이 소싯적에 읽었던 추리소설이나 무협소설과 무척 다른 감각으로 읽히는 데는 이런 이유가 있는 거지요.

한 가지 예를 들어 볼까요. 1990년대까지 '대체역사'소설이란 과거에 있었던 어떤 중요한 사건의 결말을 현재와 다르게 가정한 뒤 그 이후의 역사를 재구성하여 작품의 배경으로 삼는 기법을 이야기했습니다. 이런 정의를 우리나라에 처음 도입한 사람은 소설『비명을 찾아서』의 저자 복거일입니다. 1987년 복거일 작가는 대체역사의 정의를 설명하며 이것이 주로 '과학소설'science fiction에서 쓰인다 밝히지요.

하지만 요즈음 웹소설에서 주로 유통되는 대체역사소설은 그때와 사뭇 다릅니다. 지금은 과거의 사건이 바뀐 이후의 역사를 구성하는 내용뿐만 아니라 현대의 인물이 과거의 특정 시대로 돌아가 역사를 적극적으로 변화시키고 그로 인해 변화한 또 다른 역사의 정경을 묘사하는 서사 전체를 대체역사라고 이야기하거든요.

구체적인 작품을 예로 들면 이해하기가 좀 더 쉽습니다. 현대의 의료 지식을 가진 사람이 임진왜란 전후의 조선시대로 떨어져 사건이 벌어지는 이야기가 있지요. 웹소설 작가이자 의사로 유명한 한산이가 작가의 『닥터, 조선 가다』입니다. 고기를 좋아했다던 세종대왕에게 운동을 권하는 헬스 트레이너의 이야기는 어떨까요? 헬스 트레이너 출신 주인공은 갑작스럽게 조선시대로 시간 여행을 하게 되고, 새로운 몸을 얻어 조선 사회에 헬스를 전파하지요. 신체발부는 수지부모요, 불감훼상이 효지시야身體髮膚 受之父母 不敢毁傷 孝之始也라는 가르침을 전파하며 육체 수양이 진정한 효도임을 외치는 차돌박E 작가의 『근육조선』은 그야말로 대체역사라는 장르가 이 시대에 어떻게 변화했는지를 잘 드러내는 예시가 아닐 수 없습니다.

앞서 장르문학은 그 안에 있는 코드를 창작자와 독자가 서로 공유하면서 의미를 주고받는 일종의 놀이라고 이야기했지요. 그런데 이런 의미가 끝없이 변화한다면 도대체 독자는 어떻게 장르문학의 기호에 합의하고 그 의미를 공유할 수 있을까요? 어떤 사람은 2010년대의 기호를 말하고, 어떤 사람은 2020년대의 기호를 말할 수도 있는데도요.

가장 대표적인 사례가 아마 '판타지소설'이라는 장르일 겁니다. 우리나라에서 1990년대부터 2010년대까지 소비되던 판타지소설이라면 용이나 마법처럼 현실의 질서나 법칙을 따르지 않는 무언가가 등장하는 세계에서 주인공이 모험을 떠나는 소설군을 일컫는 개념이었거든요. 용이나 마법 대신 외계인이나 유령이 등장하는 경우도 있었죠. 하지만 최근의 판타지소설은 다릅니다. 어떠한 환상적인 설정 없이도 내가 원하는 것이 다 이루어지는, 승승장구하는 삶을 다룬 작품을 '판타지소설'이라고 부르는 경향이 생겨났거든요. 그럼 도대체 이런 장르의 관습이나 문법은 어떻게 만들어지는 것일까요?

학문의 영역에서 장르란 사회적 존재들이 상호작용하는 과정에서 정형화된 수사학적 방식을 의미합니다. 즉 작가와 독자가 주로 사용하는 기호들이 고정되어서 특정한 법칙과 관습을 이루면 그걸 '장르'라고 부릅니다.

장르가 탄생하는 과정을 예를 하나 들어 살펴봅시다. 좀비zombie라는 단어를 아실 겁니다. 부두교 주술 중 하나였던 좀비를 콘텐츠에 활용해 형상화한 대표적인 인물은 조지 A. 로메로 감독입니다. 그는 『살아 있는 시체들의 밤』이라는 영화를 통해서 좀비의 형상을 표현했지요. 그가 좀비를 영화 속으로 가져온 데에는 여러 이유가 있었을 겁니다. '흑인', 즉 유색인종의 소수성이나 피해자성을 드러내기 위한 은유일 수도 있고, 호스 오페라horse opera라 불리던 서부 영화에서 전형적으로 악역을 맡는 아메리카 원주민들을 대체해 '인간이 아닌 존재'를 등장시킬 필요도 있었을 겁니다. 요컨대 『살아 있는 시체들의 밤』에서 좀비는 어디까지나 조지 A. 로메로 감독의 오리지널 창작품이자 표현 양식인 셈입니다.

이 영화를 보고 감명을 받은 사람들이 너도나도 좀비의 개념을 가져와 다양한 방식으로 패러디해 영화를 만들어 내기 시작합니다. 이러한 작품들이 쌓이고 쌓여 사람들은 이제 좀비가 나오는 영화의 공식을 이해할 테지요. 가령 좀비가 출현하면 무작정 탈것을 타고 안전한 장소를 찾아 떠나는 여정의 전개된다든지, 안전한 장소라고 찾아온 군대나 마트, 학교 등에서 왕처럼 군림하는 절대자와 갈등이 벌어진다든지, 안전하다고 믿은 공간의 붕괴된다든지, 새로운 사람들이 합류하고 또다시 이동하는 모습을 떠올릴 수 있겠지요. 전개 과정에서 자연스레 마주하는 이런 공식들을 가리켜 '클리셰'라고 이야기합니다.

클리셰는 뒤를 잇는 창작자와 소비자로 하여금 장

르 콘텐츠를 아주 쉽고 재미있게 받아들이게끔 하는 이정표입니다. 몇 가지 공식에 맞추되 조합만 달리하면 새로운 장르 콘텐츠를 만들어 낼 수 있고, 또 다양한 시도를 할 수 있습니다. 클리셰의 영역까지 확장되자 콘텐츠는 무서운 속도로 증식하고 마침내 좀비의 개념이 콘텐츠를 벗어나기 시작합니다. 좀비 영화의 시초를 모르거나 고전 좀비 영화를 굳이 찾아보지 않더라도 좀비는 죽었다 살아난 존재이고, 바이러스에 감염되어 '으어어' 하는 기괴한 소리를 내며 비틀비틀 걸어 다니는 괴물이라는 걸 이제는 모두가 알고 있지요. 이렇게 사회적으로 서사를 벗어나 약속된 언어로 고정된 기호를 우리는 '코드'code라고 부릅니다. 이러한 코드를 특정한 규칙인 클리셰를 통해 엮어 내고, 그러한 클리셰들이 잘 들어맞는 세계를 관습적으로 구축한 문학이 곧 장르문학이 됩니다.

마법이라는 코드를 예로 더 살펴 볼까요. 알고 있는 판타지소설 작품이 '해리포터' 시리즈뿐이라면 낯설 수 있겠습니다만, 유럽의 판타지 게임 '던전 앤 드래곤'에서 시작된 클래스 또는 서클 개념이 우리나라의 판타지소설에 도입되며 마법을 9-10단계 정도로 나누는 분류 체계가 생겨났습니다. 1클래스와 5클래스, 9클래스는 각각 쓸 수 있는 마법이 다르지요. 이런 설명을 들으면 아마도 "마법에 그런 규칙이 있어?"라고 짐짓 놀라거나, "마법이 있는 세계에서는 당연하지!"라며 자연스럽게 이해할 수도 있을 겁니다. 이런 규칙을 하나의 '세계'로 형상화하고 그 세계를 '판타지'라는 이름으로 부르는 방식, 그것이 장르문학에서 장르 개념의 가장 핵심축이자 근간이라 할 수 있습니다.

다시 찬찬히 설명하자면, 장르는 특정 작품 하나둘을 일컫는 용어가 아닙니다. 특정한 코드를 공유하는 작품들이 비슷한 시기에 동시다발적으로 창작되고 소비될 때, 그러한 성격의 작품을 묶어 장르라고 부릅니다. 그리고 장르가 생겨났다는 것은 이미 특정 코드를 통해서 독자들이 의미를 주고받는 공식과 세계가 형성되어 있다는 말이기도 하지요.

그럼 이렇게 변화하는 장르를 정확히 알 수 있는 방법은 무엇일까요? 그냥 무작정 소설을 많이 읽는 수밖에 없을까요? 그렇지 않습니다. 장르의 기호는 저절로 생겨나는 게 아니라 '사회적 존재들'이 상호작용하며 만들어지기 때문입니다. 여기서 '사회적 존재들'이란 대중을 뜻하며, 대중에는 두 가지 의미가 있습니다. 하나는 장르를 소비하는 대중이고, 또 하나는 장르를 소비하지 않지만 사회의 보편적인 감수성을 가진 대중입니다. 저마다 자신이 속한 사회의 구성원으로 존재하는 사람들이 다른 사회의 사람들과 대화하는 과정에서 서로 합의한 코드들이 탄생하는 것이지요. 오늘에 이르기까지 우리나라의 장르문학 시장에서 장르가 형성되어 온 과정을 들여다보면 지금 이 순간 장르가 어떻게 변화하는지도 쉽게 이해할 수 있을 겁니다.

〔 2 〕
국내 장르문학의 태동

웹소설 산업이 발전하기 시작하자 웹소설의 주요 콘텐츠인 장르문학에 대한 관심도 폭발적으로 늘어났습니다. 이러한 관심이 폭증하기 시작한 건 2018년에서 2019년 사이의 일입니다. 시장 규모도 1000억 원을 넘어섰고 오랫동안 글을 써 왔던 장르소설 작가 중 좋은 결과를 거둔 이들도 많아졌으며 걸출한 작품도 하나둘 등장했지요. 『전지적 독자 시점』과 같은 명작들이 연재되기 시작한 것도 영향을 끼쳤을 겁니다.

그때부터 웹소설 연구자인 저에게 장르문학과 관련해 다양한 매체에서 인터뷰 요청이 쏟아졌습니다. 장르문학의 급부상 또는 장르문학의 발전과 앞으로의 방향성에 대해서 의견을 달라는 요청이었습니다. 그럴 때마다 저는 질문 속 단어를 정정하곤 합니다. 장르문학이 '급부상'한 것이 아니라, 드디어 '목격'되기 시작했다고 말이지요. 그도 그럴 것이 우리나라에 장르문학이 도입된 지도 벌써 100년이 넘었기 때문입니다.

국내에 가장 빠르게 소개된 외국 장르소설은 SF와 추리소설이었습니다. SF 중에서는 「태극학보」를 통해 일본 유학생들이 1900년대 초에 들여온 쥘 베른의 소설 『해저 2만 리』를 꼽을 수 있고(처음엔 '해저여행기담'이라는 제목으로 들어왔습니다), 추리소설 중에선 '괴도 뤼팡' 시리즈로 유명한 모리스 르블랑의 『지환전』이 비슷한 시기에 들어왔지요. 사실 중요한 건 어떤 작품이 들어왔느냐가 아니라 이러한 작품들이 왜 들어왔고 어떻게 소비되었느냐 하는 질문입니다.

SF가 국내에 들어온 배경은 당시 일제강점기였던 사회의 현실과 맞물려 있습니다. 서구 근대 기술과 문물을 빠르게 받아들인 일본의 사례를 보고 일본 유학생들은 조선에도 과학 기술 발전이 필요하다는 걸 절감했습니다. 유학을 기본으로 하는 당대 지배 이데올로기를 거스르지 않고 서구 문화를 들여올 방법을 모색하던 중, 기술과 학문을 바로 가져오는 대신 소설을 가져오기로 한 것이지요.

　1920 - 1930년대 염상섭, 김동인, 김내성 같은 작가들이 추리소설을 창작하며 추리 장르문학이 본격적으로 활성화되기 시작한 계기 역시 우리나라의 비극적 시대 배경과 연결됩니다. 일제강점기, 조선 땅은 대부분 일본인 지주의 소유였고, 농작물을 서리하는 어린아이들이 가혹한 처벌을 받자 '치안'이라는 개념을 교육할 필요가 있었거든요. 당시 과학 수사 기록 등을 다루는 「별건곤」이라는 잡지가 등장해 자연스럽게 과학 수사와 탐정의 존재를 부각하며 추리소설의 토대를 다지기도 했습니다.

　이렇듯 국내의 초기 장르문학은 암담한 현실을 극복하기 위해 외국에서 이식된 문화의 집합이었습니다. 물론 이러한 흐름은 장르문학뿐만 아니라 다른 분야에서도 공통적으로 일어나는 현상이었습니다. 그러나 장르문학은 특유의 환상성을 이용하여 비극적인 현실을 극복하고 새로운 미래를 향해 한 걸음 나아간다는 점에서 특별했지요. 문학 작품 속 환상들을 보며 당대 독자들은 어려운 현실을 버티고 극복할 수 있는 원동력을 얻었습니다. 현실 사회의 불의와 부조리를 환상적인 형상으로 기호화하는 서사 구조는 이후 우리나라 장르문학에서 핵심적인 자리를 차지하지요.

물론 장르문학 속 환상이 늘 긍정적이기만 한 것은 아니었습니다. 우리나라는 일제강점기 이후로도 군부 정권 등 여러 사건이 얽힌 격동의 근현대를 거쳤으니까요. 복잡하고 혼란스러운 사회였던 만큼 문학이 사회와 어떻게 맞닿을 수 있느냐, 그리고 이 사회에서 문학이 무엇을 할 수 있느냐를 끊임없이 질문하며 리얼리즘 문학, 참여문학 논쟁과 문학의 진정성에 대한 논의가 끊임없이 이어졌습니다. 그런 상황에서 가상의 존재나 세계, 형식을 이야기하는 환상적인 장르문학이 국내 문학계에서 사랑받기는 여의치 않았지요.

그렇기 때문에 장르문학은 아동문학의 영역에서 시도되거나, 만화방 같은 공간에서 요즘으로 치자면 오타쿠, 즉 비주류 문화 마니아 사이에서 일종의 비주류 서브컬처로서 소비되기 시작합니다. 전자는 SF 영역에서 시도된 '한낙원 과학선집' 같은 작품들이고, 후자는 1970년대 만화방에서 유통되기 시작하던 무협지나 1980년대 해적판으로 수입되던 '삼중당 하이틴 로맨스' 시리즈 같은 작품들이라 할 수 있지요. 그러나 이 시기, 호러 장르의 콘텐츠를 꾸준히 선보인 TV 프로그램『전설의 고향』이 단순한 공포물이 아니라 우리나라의 구전

전승과 민속 신앙 등을 소개하는 형태로 존속했다는 사실은 많은 것을 의미합니다. 결국 단순한 자극과 감각이 아니라 어떻게 해야 가장 한국적인 정서를 만들어 낼 수 있느냐는 질문에 나름의 답을 한 콘텐츠만이 살아남을 수 있었던 겁니다.

결국 음지의 만화방에서 출간된 소설들은 유통망과 출판업, 어디서도 제대로 된 체계를 이루지 못한 데다 이중계약이 횡행한 탓에 말초적인 감각에만 충실한 작품이라는 오명을 사고 쇠락합니다. 큰 인기를 끌던 대만, 홍콩의 무협 작품들은 삼류 작품까지 닥치는 대로 출간된 지 오래였고, 오로지 재미와 속도만을 위해 번안된 작품들은 더 이상 원형의 형태와 주제를 찾아볼 수 없을 지경이었습니다.

한 차례 쇠락했던 장르문학이 다시금 살아난 건 1990년대였습니다. 다양한 문화 방면에서 새로운 변화가 생긴 것이 계기였지요. 그중 두드러진 두 분야의 변화가 있습니다. 기술적으로는 인터넷의 등장이었고 사회적으로는 문학이 차지하는 위상이 변화했지요.

1980년대 우리나라는 괄목할 만한 경제 성장을 이루었습니다. 산업이 발전하고 여가의 개념이 생기며 다양한 소비가 이루어졌지요. 특히 컬러 TV가 보급된 이후 매체를 통해 88올림픽의 영광스러운 성취가 소개된 것이 크나큰 전환점이었습니다. 사람들은 TV 앞에 모여 발전된 대한민국 수도의 모습을 시청했지요. 베이비붐 세대는 대학가에서 자신의 정체성 찾기에 골몰했고, 해외여행이 자유롭게 풀리자 일본 문화까지 들어오며 우리나라 소비 시장은 그야말로 호황기에 접어듭니다. 군부정권이 끝나고 민주화를 이룩하면서 더 이상 사상과 이념을 따르는 삶에 투신할 필요도 없어졌고요. 비로소 대중은 근대에서 벗어나 현대적인 삶을 추구하기에 이릅니다.

이런 사회에서 오로지 리얼리즘만을 부르짖던 문학 역시 큰 변화를 맞이합니다. 이때까지 '이 시대에 호응해 문학은 무엇을 할 수 있는가?'라는 질문이 화두였다면, 이제는 '무엇이 문학다운 것인가, 문학은 자본주의 시대를 어떤 모습으로 맞이해야 하는가'로 질문이 바뀌었거든요. 그런데 문학다움에 대한 고민이 베스트셀러로 대변되는 상업성과의 다툼으로 이어졌다는 사실은 주목할 만합니다. 도종환 시인의 시집 『접시꽃 당신』이 대중적인 인기를 끌어모으자 아내를 팔아서 장사를 한다는 원색적인 비난을 받았던 것처럼, 의도적으로 자본을 배척하고 문학 그 자체의 순수함을 추구하는 행위는 젊은 세대가 살고 있는 시대와 전혀 다른 구시대의 유물을 붙잡고 있는 것에 불과했습니다. 즉 문학은 과거의 고정된 관습을 이야기하며 현실이라는 개념에만 집착하는 자가당착에 빠져 버렸던 것이지요. 젊은 세대들이 기존의 문학을 버리고 새로운 무언가를 찾아 떠난 건 당연한 수순이었습니다.

이러한 젊은 세대들이 찾은 공간은 적극적으로 문학을 창작하고 향유하는 공간, 바로 PC통신이었습니다. 1980년대 말 모뎀과 전화선을 기반으로 형성된 PC통신, 즉 VT통신 공간은 소비와 향락에 익숙한 젊은 세대들에게 완전히 새로운 감각을 선사했습니다. 이곳에서는 아날로그에 기반한 현실 세계의 법과 질서를 따를 필요가 없었고, 공간의 제약을 뛰어넘어 편리하게 소통할 수 있었지요.

제도권에서 사용되지 않던 수많은 문법의 문학들이 이곳에서 시작되었습니다. 전위적인 시나 『디지털구보2001』 같은 프로젝트가 진행되기도 합니다. 만화방을 뛰쳐나온 장르문학은 이 공간에서 새로운 삶을 시작합니다. 여기서 주목할 점은 장르문학 역시 새로운 삶을 시작했다는 점입니다. 바로 이 시기에 장르문학의 창작자들은 기존의 장르문학 창작자들과 한 차례 단절되기 때문입니다. 이러한 단절을 제대로 이해하려면 대여점과는 다른 만화방이 어떤 공간이었고, '대본소'가 무엇인지 보다 정확하게 알 필요가 있습니다.

당시 만화방은 양산형 작품들이 쏟아져 나오는 공간이었습니다. 아직 한일문화개방이 이루어지기 전이었던 만큼 우리나라에서는 일본 콘텐츠를 제도적으로 금지하고 있었습니다. 그러나 서브컬처 대중문화는 일본이 훨씬 앞서 있었고, 우리나라는 이러한 콘텐츠를 불법 해적판의 형태로 암암리에 들여오는 것이 고작이었습니다. 옛 신문을 뒤지다 보면 간간이 해적판 만화를 유통하다 단속에 걸린 만화방 점주에 대한 기사들을 찾아볼 수 있는데, 대부분 징역형을 받을 정도로 엄격하게 규제했습니다. 결국 이런 만화방은 음지의 공간에서 불법과 탈법의 경계를 오가며 콘텐츠를 유통했고, 사용층역시 비행청소년들을 비롯해 소위 음지에 발을 담근 사람들에 집중되었지요. 만화방에서 유통되는 소설들은 서점용 서적들보다 저품질의 양산품, 즉 대본소에서 오가던 무선 제본 형식의 출판물일 수밖에 없었습니다. 만화방은 질 나쁜 사람들이 모이는 위험한 장소라는 인식이 있을 정도였으니까요.

이런 인식에서 벗어나려고 가장 노력한 사람들은

무협소설 작가들이었습니다. 홍콩과 대만의 무협소설이 가난한 화교 또는 중국인 유학생과 가필자 들의 공장식 협업 체계로 번역되던 탓에 다양한 문제가 발생했고, 이러한 문제를 해결하기 위한 방법이 일차적으로 만화방에서 탈출하는 것이라 생각한 것이지요. 비슷한 시기에 서점 판매를 공략해 성공한 김용 작가의『영웅문』이 이러한 생각에 부채질을 했습니다. 이런 시점에서 VT통신 공간은 자연히 만화방을 대체할 훌륭한 '미래적' 대안 공간으로 두각을 드러냈습니다.

하지만 초기 VT통신이 생겼을 무렵, 인터넷을 사용할 수 있는 젊은 세대는 지금의 보편적인 젊은 세대와 달랐습니다. 당시 한국에서 가정용 컴퓨터를 구매하고, 거기에 모뎀을 설치한 뒤 전화선을 연결해 인터넷까지 자유롭게 사용할 수 있는 사람은 무척 소수에 불과했기 때문입니다. 최신 기기를 공수하기도 어려울 뿐더러 모뎀을 통해 전화선을 연결하는 순간 발생하는 전화 요금을 부담하는 것도 어려웠어요. 게다가 VT통신 공간에 접속한 뒤 인터넷 공간을 누비려면 아주 기초적인 수준이라도 명령어를 다룰 줄 알아야 했습니다. 결국 온라인 공간에서 적극적으로 창작할 수 있는 사람은 수도권에 거주하고 자신의 취미 생활에 어느 정도 투자할 수 있는 중산층 출신이 대다수를 차지했습니다. 이에 더해 생업보다 유행하는 문화에 집중할 시간적, 경제적 여유가 있는 10대에서 20대 청년들이 많을 수밖에 없었어요.

흥미로운 것은 이러한 온라인 공간의 창작물이 순수 문학 시장과 베스트셀러 상업 소설 시장, 그 어느 쪽에도 소속되지 않았단 점입니다. 초기 VT통신 창작자들은 상업적인 성공을 추구하지 않았습니다. 자신들이 상업적인 성공을 거둘 수 있을 거라 상상조차 하지 못했죠. 그도 그럴 것이, 그들의 창작은 어디까지나 2차 창작에 기반한 놀이 문화에 가까웠기 때문입니다.

VT통신은 오로지 문학만을 위한 공간이 아니었습니다. 문학은 부수적인 것에 불과했고, 메인은 게임이었습니다. 조립형 PC나 인터넷 통신용 부품 판매가 활발히 이루어진 공간이 세운상가와 용산 전자랜드였다는 점은 상징적입니다. 조폭 상권을 통해 불법 포르노 테이프나 도색 잡지, 수입이 금지된 해외의 LP 레코드판, 프로레슬링 방송이나 불온서적, 수입이 금지된 일본 게임을 불법 번역한 디스켓 등이 유통되는 공간이기도 했기 때문이지요. 1963년생 유하 시인의 시집 『바람 부는 날이면 압구정동에 가야 한다』에서 압구정동을 '욕망의 통조림 또는 묘지'라 칭한 것은 이 시대와 공간을 그린

절창입니다.

VT통신의 주 사용자들은 어떻게 돈을 벌 것인지는 생각하지 않고 기꺼이 돈과 시간을 투자할 만한 욕망과 그러한 욕망을 다시금 재현하는 일에 몰두했습니다. 청년들은 게임에서 느꼈던 감각을 재현하거나 만화에서 보았던 강렬한 충동을 작품으로 창작하는 데 집중했으며, 그럴수록 그들의 글은 대중 그리고 시장과 멀어졌습니다. 게임과 만화를 함께 소비하는 사람만이 자연스럽게 독자가 될 수밖에 없었지요. 우리나라에서 환상성을 다룬 콘텐츠의 수는 한정적이었기에 해외의 각종 자료들이 인터넷 공간에서 뒤섞였습니다. 외국어에 능통한 사용자들이 해외 자료를 불법 번역해 배포하고, 다시 그 자료들이 인터넷 공간에서 복제되었습니다.

우리나라의 장르문학, 그중에서도 대여점에서 생겨나 웹소설로 진화한 상업 장르문학이 깊은 주제의식이나 예술적인 문장을 구사하는 데 집중하기보다 재미에 편중하는 놀이적 문화가 된 배경에는 이 같은 장르문학 탄생기의 영향이 깔려 있습니다. 해외에서 다뤄지는 판타지의 상징들은 대체로 신화적 맥락에 기인합니다. 그러나 국내에서는 맥락 그 자체보다 이미 완성된 콘텐츠를 가져오는 경우가 많았고, 그러한 콘텐츠를 전문가의 정식 번역이 아니라 파편화된 불법 번역으로 가져와 2차 창작의 도구로 사용하는 경우가 많았던 것 역시 영향을 주었습니다. 이들이 콘텐츠를 향유하는 공간은 그야말로 키치kitsch 창작의 바다였고, 이것이 곧 새로운 장르문학의 토대로 이어졌습니다.

그렇다면 자본주의 시장에서 유리되어 젊은 얼리어답터 중산층의 놀이터가 된 장르문학 시장이 어떻게 욕망을 대표하는 콘텐츠로 변모했을까요? 그리고 이 공간으로 진입한 무협소설 작가들은 어떤 방식으로 시장과 놀이, 두 가지 형태 사이에서 균형을 잡았을까요? 이러한 변화의 축에는 1997년 벌어진 IMF 외환 위기라는 시대의 비극이 맞닿아 있습니다.

{ 3 }
대여점이라는 시공간

온라인 공간의 장르문학 창작은 IMF 외환 위기를 전후하여 큰 변화를 거듭합니다.

첫 번째는 가정용 PC 보급 활성화 및 정부의 초고속통신망 보급 정책의 추진이었습니다. 국내 초기 컴퓨터 시장은 앞 장에서 이야기한 것처럼 불법과 합법의 경계를 넘나들면서 구축되었습니다. 그러던 PC가 갑작스럽게 전국 가정망으로 보급된 것은 정부의 교육 정책 때문이었습니다. 1986년 전두환 정부는 당시 국민학교마다 의무적으로 컴퓨터실을 두고 일정 수 이상의 8비트 컴퓨터를 구매하도록 한 뒤 본격적인 정보화 교육을 선언합니다. 그 결과 학교에는 컴퓨터실이 생겼고 컴퓨터

학원이나 컴퓨터 대리점이 활성화되었습니다. 1996년 한 언론매체의 보도에 따르면 국내 가정용 PC 보급률이 35.2퍼센트로, 서울은 47.6퍼센트까지 달했다고 합니다. 동시대 미국의 보급률보다 높은 수치라고 하니 가히 그 열기를 짐작할 수 있습니다. 그리고 1998년 정부가 초고속통신망 구축 사업을 진행하며 바야흐로 대국민 온라인 시대가 열렸습니다.

PC와 인터넷이 보급되며 이제 사람들은 VT통신보다 직관적이고 편리한 인터넷 공간을 원하기 시작했습니다. 이때 널리 사용되기 시작한 것이 바로 웹 브라우저입니다. 웹 브라우저 덕분에 자기만의 홈페이지를 만드는 일이 현실화되었지요. 국민학교 혹은 국민학교에서 초등학교로 명칭이 변한 시기에 학교를 다녔다면 학교나 학원에서 나모 웹 에디터와 플래시 등을 이용해 자신의 홈페이지를 제작해 본 경험이 한 번쯤 있을 겁니다.

이러한 대중화에 힘입어 온라인 공간에서 한정적으로 소비되었던 장르문학 시장 역시 더 커지기 시작합니다. 1990년대 초『퇴마록』의 성공은 특히 많은 점을 시사합니다. 환상성을 기반으로 한 창작이 대중 시장에서 어마어마한 이익을 거둔다는 걸 직접 증명했으니까요. 곧이어 수입된 '해리포터' 시리즈의 성공 역시 고무적이었을 겁니다. 젊고 의욕 넘치는 출판편집인들은 온라인 소설을 앞다투어 출간하기 시작했습니다. 이제 막 대학생이 된 청년들 또는 고등학생 작가들이 너 나 할 것 없이 데뷔를 시작한 것도 이때였습니다.

이렇게 시작된 장르문학 출판 시장이 급물살을 탄 두 번째 이유는 아이러니하게도 IMF 외환 위기 때문이었습니다. 국가적인 경제 위기가 닥치면서 수많은 가게가 문을 닫기 시작했지요. 건물마다 공실이 늘어났고, 수많은 사람이 정리 해고를 당했습니다. 도서 대여점은 이러한 상황을 비집고 성장합니다. 원래 대여 산업은 가난의 상징이라고 합니다. 별다른 인테리어 없이 초기 투자 자금만 있으면 공실을 채우고 사업에 착수할 수 있을 뿐더러, 단순히 물건을 공급하기만 하면 되니 큰 노하우도 필요 없었죠.

도서 대여점은 만화방과는 또 다른 형태의 발전 양상을 가진 공간이었습니다. 도서 대여 산업은 우리나라의 근현대 역사와 함께해 왔는데, 제가 어릴 적에는 트럭에 다양한 책을 싣고 다니며 빌려주던 사람들을 종종 볼 수 있었습니다. 이 시기 사람들의 주거 방식이 아파트로 변화하고 여가 문화가 발전하며 대중의 독서 욕구가 점차 높아졌지요. 그러나 도서 대여 산업이 곧바로 시작되지는 않았습니다. 초기 대여 산업의 중심은 비디오 대여점이었어요. VHS 비디오 테이프가 유행하기 시작했고 가정집에서 VHS 플레이어를 보는 것이 어렵지 않던 시절이었습니다.

이러한 비디오 대여점의 책꽂이 한 구석을 차지하며 시작된 것이 도서 대여 산업입니다. 초기 대여점에 비치된 도서는 딱히 대중없었습니다. 잡지를 비롯해 베스트셀러 문학까지, 수많은 책들을 빌려 볼 수 있었거든요. 만화방이 음지의 대중문화와 양산된 대본소 형식 소설을 유희하는 '공간'이 중요한 개념이었다면, 대여점에서는 공간의 의미가 탈색되고 그곳에서 대여되는 콘텐츠 자체가 좀 더 부각되었습니다.

그러다 마침내 IMF 외환 위기가 시작되자 사람들이 지갑을 닫기 시작했습니다. 이러한 시기에 대여점과 장르문학이 활성화된 것은 여러 요소가 잘 맞아떨어진 덕분이었습니다. 정리 해고를 당한 사람들은 소자본으로 창업이 가능한 직종을 알아봐야 했고, 건물주들은 얼른 공실을 채우고 싶었습니다. 소비 문화에 익숙한 젊은 세대는 적은 금액으로 문화를 소비하길 원했죠. 2000년대 초 대여점 점포의 수는 전국적으로 약 2만 -

3만 개로 확대되었고 이러한 시장의 확장이 장르문학의 확장에 크게 기여합니다.

우리나라 장르문학, 그중에서도 판타지의 기반이 바로 이 시기에 자리를 잡습니다. 장르문학 출판사 중 몇몇은 의욕적으로 문학상을 제정했고 신흥 출판사들이 우후죽순으로 생겼지요. 1990년대 초반 아마추어 창작자들은 VT통신 공간에서 해외 작품을 소비하고 그 감각을 바탕으로 2차 창작물을 만들었습니다. 그러나 웹페이지 시대로 바뀐 이후 2000년대 초 아마추어 창작자들은 자신들이 대여점에서 소비한 작품들의 감각을 재현하기 위해 온라인 공간으로 몰려들었습니다.

창작자와 독자의 장벽도 상당히 낮아져서 독자는 쉽게 창작자가 되었고, 창작자 역시 누군가의 독자임을 스스럼없이 밝혔지요. 지금 잘 알려진 문피아, 조아라 등의 웹소설 플랫폼들이 생긴 것도 이 무렵입니다. 판타지의 판타지, 무협의 무협이 복제되기 시작했고 장르 문법이 끝없이 발전하기 시작했습니다.

판타지나 무협소설만 이 시기에 폭발적으로 소비된 것은 아닙니다. '삼중당 하이틴 로맨스' 시리즈부터 꾸준히 이어져 온 로맨스 장르 역시, 1990년대 말 신영미디어에서 로맨스소설 현상 공모전을 주최한 이후 폭발적으로 창작 소설들이 쏟아지기 시작했거든요. 다양한 소설들이 대여점 한 구석을 채웠고, 이러한 흐름을 대표하는 사건이 바로 '귀여니'의 등장이었습니다.

귀여니 작가의 인기는 당시 젊은 세대들, 특히 여성들의 소비 문화를 대표하는 현상입니다. 학계에서는 1990년대부터 '청소년 문학'이나 '여성 문학'이라는 용어에 대한 점검이 이루어지고 있었는데, 귀여니로 촉발된 '청소년소설' 또는 '인터넷소설'의 유행은 그러한 학계의 논쟁에 정확히 부응하는 현상이었습니다. 명문대 교수 혹은 지식인이 선정한 교양서가 아니라 당대 청소년의 일상 언어로, 그들의 이야기를 생생하게 써 내려간 작품이었으니까요. 십대의 이모티콘이나 채팅 언어가 소설 안으로 들어오고 그들의 학업, 연애, 일상 등이 문학의 중심 소재로 부상했습니다.

무엇보다 인터넷소설이 떠오르며 로맨스 소재의 범위가 어마어마하게 넓어졌다는 점이 중요합니다. 과거 '삼중당 하이틴 로맨스' 시리즈의 스토리는 남성과 여성의 성적인 관계에 집중되어 있었습니다. 앤 바 스닛 토우라는 연구자는 이러한 할리퀸 로맨스를 '여성들이 안전하게 즐기기 위한 포르노'라고 평했을 정도니까요. 그러나 인터넷소설은 이러한 로맨스의 시공간에서 청소년의 사랑 그 자체와 욕망을 솔직담백하게 이야기했고, 인터넷소설과 로맨스가 합쳐지면서 국내 로맨스 장르는 여성의 욕망을 다양한 층위에서 다양한 소재로 다루는 장르로 변모합니다.

대여점은 장르가 자유롭게 뒤섞이는 공간이었습니다. 문화를 소비하는 복합 공간의 역할을 했고, 한 종류의 소설만 소비하는 사람보단 다양한 장르의 소설을 소비하는 사람들이, 소설만 빌리는 사람보다는 만화책을 함께 빌리는 사람이 많았습니다. 대여점 이용자들은 순정만화부터 소년만화까지 다양한 장르를 넘나들며 독서를 이어 갔고, 나이나 성별의 제한에서 비교적 자유로웠습니다. 귀여니 소설을 읽는 남학생도 적지 않았고, 무협과 판타지를 애독하는 직장인 여성도 있었지요. 최근 들어 콘텐츠를 '남성향'이나 '여성향'으로 나누는 것과는 사뭇 다른 모습입니다.

여기까지만 이야기하면 대여점이 마치 국내 장르문학을 부흥시킨 르네상스이자 유토피아 같은 인상을 줄지도 모르겠습니다. 하지만 대여점이라는 유통망이 장르문학에 이점만 준 것은 아닙니다. 각각의 요소를 쪼개어 들여다보면 해로운 점도 적지 않았습니다.

도서 대여점은 말 그대로 도서를 대여해 주는 곳으

로, 통상 책 구매 가격의 10분의 1로 대여 가격을 책정했습니다. 판타지소설 한 권의 가격이 7,000원이라면 대여 가격은 700원에 불과했죠. 그런데 문제는 이 700원이 소설의 창작자가 아니라 오로지 대여점을 운영하는 업주들에게만 주어지는 대가란 점이었습니다. 창작자는 소설의 판매 가격에서 6-10퍼센트 내외의 인세를 정산 받는 것이 전부였고, 작품이 수백 수천 건 대여되며 전국적으로 명성을 얻는다 해도 정작 작가의 수익은 제자리인 경우가 허다했습니다.

하지만 이보다 심각한 문제는 대여로 인해 변화하는 감각이었습니다. 대여는 책을 소유하는 것이 아닙니다. 그저 3박 4일 정도 책을 잠시 '빌리는' 것뿐이지요. 독자들이 지불하는 금액이 창작자에게 돌아가는 것도 아닙니다. 그러다 보니 700원이라는 비용은 오로지 독자들의 독서 과정에서 지불되는 일회성의 감정 비용으로 귀결되고 맙니다. 무엇보다 낙서투성이에 오염되고 파손된 책들의 상태는 독자로 하여금 불쾌감을 느끼고 소유할 가치가 없는, 작품마저도 낡고 병든 것으로 감각하게 만들었지요.

결국 장르적 세계와 재미를 만들어 내는 시도로 시작된 장르문학의 서사는 해를 거듭할수록 독자들의 원초적인 감정을 불러일으키는 방식으로 바뀌고 맙니다. 공간을 가볍게 쓸 수 있는 것이 이점이었던 도서 대여점은 책 재고가 누적되며 점차 그 덩치가 커졌습니다. 슬라이드 도어 책장은 이중 삼중으로 겹겹의 벽을 쌓았고, 인기가 없어진 낡은 책들은 구석으로 밀려났습니다. 나날이 조악해지는 도서의 질에 독자들은 하나둘 등을 돌리기 시작했고, 공간의 압박과 고객 감소를 이기지 못한 도서 대여점들이 끝내 문을 닫기 시작했습니다. 점포의 수는 전국 3,000여 개로 줄었고 도서 대여점 유통망을 중심으로 확대되었던 장르문학 시장 역시 두 번째 쇠락기에 접어들었습니다.

그러나 장르문학은 끈질긴 생명력으로 지금 이 시대까지 살아남았습니다. 바로 전자책과 스마트폰의 등장 그리고 웹소설로의 전환 덕분이었습니다. 우리나라의 웹소설 장르문학이 지금과 같은 모습으로 자리 잡은 것은 장르문학이 기술 발전과 더불어 수많은 변화를 거쳐 왔기 때문입니다.

전자책의 발명과 웹소설의 탄생

전자책이 발명될 무렵 장르소설 작가들이 생계를 유지하기가 얼마나 어려웠는지 이해하려면 당시 출판 시장의 구조를 알아야 합니다.

소설은 작가의 손에서 처음 탄생합니다. 작가가 소재를 발굴하고 상상력을 더해 이야기를 만들어 내지요. 이것을 책으로 엮어 출간하는 건 출판사의 역할입니다. 출판사가 작가와 만나는 방법은 대략 네 가지가 있습니다. 첫 번째는 작가가 온라인에서 연재를 하고 이 연재물이 인기를 얻어 출판사로부터 출간 제안을 받는 방식, 두 번째는 작가가 일정 분량의 원고를 준비해 출판사에 투고하는 방식, 세 번째는 기성 작가의 소개를 받는 방식, 네 번째는 출판사가 공모전이나 공고를 통해 작가를 직접 발굴하는 방식입니다. 이런 여러 방법을 통해 작가는 출판사와 계약을 체결하고 좋은 작품을 만들기 위해 협업을 진행합니다. 원고의 교정이나 교열, 윤문 등이 끝나고 표지를 비롯해 책의 꼴을 갖추는 디자인 작업까지 모두 마무리하면 드디어 인쇄에 들어갑니다.

이렇게 인쇄된 책을 전국 서점과 대여점으로 배포하는 역할은 총판이 맡습니다. 서점은 책을 매대나 책장에 진열해 둔 뒤 판매 대금을 총판을 통해 출판사 그리고 작가에게로 전달합니다. 대여점 점주는 일주일 정도의 유예기간 동안 눈여겨본 신간 도서가 서점에서 반응이 어떤지, 잘 나가는지 상황을 살펴본 후 구매를 확정합니다. 바로 여기서 물건과 현금의 거래가 처음으로 이루어집니다.

흔히 시장 경제에서는 물건이 오갈 때 금액이 정산됩니다. 이를테면 과일 도소매 같은 경우 농장으로부터 물건을 구매하는 데서 시작해 도매와 소매 거래에 이르기까지, 그 과정에서 금전 거래가 꾸준히 이루어집니다. 하지만 도서 시장은 그렇지 않습니다. 출판사가 직접 도서 판매까지 할 수 없는 경우가 많기에 서점에 판매를 위탁하기 때문입니다. 서점이 책을 구매해 오는 것이 아니라 판매를 대행하는 형태이다 보니, 제작된 책이 1만 부라고 한들 결국 작가는 서점에서 실제로 팔린 부수 만큼만 정산을 받습니다. 더구나 이 같은 구조에서 작가가 한 권의 소설로 수익을 정산 받기까지는 적어도 두 달에서 세 달 가량의 시간이 걸립니다. 그렇다 보니 현재 직업을 갖고 있지 않다면 글을 쓰기 위한 최소 생계를 유지하는 것조차 어려운 경우도 왕왕 발생하지요.

업계에서는 이런 상황에서 작가의 생계를 보장하기 위해 보통 세 가지 정도의 방법을 사용합니다. 첫 번째는 작가가 작품의 저작권을 매절로 넘겨주는 방식입니다. 한 권 단위의 책, 또는 전체 저작권을 통째로 출판사에 판매한 뒤 이후 발생한 수익에 대한 권리를 포기하는 것입니다. 그러나 출판 IP 콘텐츠의 활용이 다양화되고 소설을 원작으로 한 드라마나 영화, 뮤지컬 전환 작업들이 많아지면서 이러한 저작권 매절 계약은 불공정 계약으로 인식되기 시작했습니다. 매절 계약은 단순히 수익에 대한 권리뿐만 아니라 저작권과 2차 저작물 제작에 대한 권리를 모두 양도하는 것이기 때문입니다.

두 번째는 작가가 후일에 정산 받을 금액을 선인세로 지급하는 방식입니다. 책의 계약금도 선인세로 지불되는 경우가 표준이지요. 작가는 이렇게 생계를 위한 금액을 미리 당겨 받고, 책이 나온 후 이러한 선인세를 차감한 후 인세를 지불 받습니다. 이자 없는 대출과 비슷한 개념이라고 생각하면 될까요. 이 경우 작가가 저작권을 그대로 갖고 있어 매절 계약보다는 작가에게 조금 더 유리합니다만, 책의 판매량이 많지 않으면 결국 조삼모사에 불과한 결과가 나오기도 합니다. 작품 선인세가 아니라 작가에게 선투자 개념으로 선인세가 지불되는 경우, 해당 출판사에서 선인세를 전부 차감할 때까지 작가의 행보가 묶이는 경우도 많았지요. 무슨 이야기인지 뒤에서 설명해 보겠습니다.

　출판 대여점 시장에서는 앞서 설명한 두 가지보다 세 번째 방법이 더 많이 사용되었습니다. 여기서 등장한 개념이 바로 보장 부수와 출판 부수입니다. 보통 판타지나 무협 같은 장편 소설의 경우는 1, 2권이 함께 출간되곤 해서, 출판사는 작품의 퀄리티와 작가의 팬덤 파워 등을 고려하여 작가에게 보장 부수를 제안했습니다. 제가 처음 데뷔할 당시 신인 작가에겐 통상 1, 2권의 보장 부수를 각 3,000부씩 제공하는 경우가 많았지요. 예를 들어 보장 부수가 6,000부라고 할 경우 1권과 2권은 대여점이나 서점, 개인 구매자들의 주문이 2,000부에 불과하더라도 6,000부에 해당하는 인세를 지급한다는 것이었습니다. 이는 선인세 같은 형태의 대출도 아니고, 저작권을 양도하는 매절도 아닙니다. 출판사가 자신들의 판단력을 기반으로 시장을 예측하는 거니까요. 그리고 3권부터는 전국 서점이나 출판사 등에서 판매가 확정된 금액만큼 정산이 이루어집니다. 이걸 판매 부수라고 합니다. 인기 있는 작가들은 전권을 통틀어 수천 부의 보장 부수를 받기도 했고, 신인인데도 3권까지 보장 부수를 받거나 보장 부수가 2,000부나 1,000부로 깎이는 등 사례는 천차만별이었어요.

하지만 앞서 이야기한 것처럼 우리나라 대여점 시장은 특정 시기를 기점으로 점차 하락세에 들어섰습니다. 전국에 2만 7,000여 개에서 3만 2,000여 개까지 늘어났던 점포의 숫자가 3,000여 개로 급감했죠. 아무리 보장 부수가 높다 한들 실제 판매 부수가 유의미하게 나오지 않으면 작가에게 수익이 발생하지 않았습니다. 출판사도 곤란하기는 마찬가지였습니다. 작가의 이름값 때문에 보장 부수를 높게 불러 놓았는데 정작 대여점의 총량이 줄어들다 보니 인쇄한 책이나 반품된 책을 보관하는 것이 문제였습니다. 도서 보관 창고 임대료나 도서 파쇄를 위한 비용을 끝없이 지출해야 했지요.

출판 시장이 자본의 구조를 근본적으로 혁신하고

자 한 바로 그때 전자책이 발명되었습니다. 도서 제작과 유통에 소모되는 초기 비용을 줄인다면 작가와 출판사 두 곳 모두 재정 위기를 극복할 수 있으리라는 희망이 생겼습니다. 더군다나 책을 따로 구매할 필요 없이도 온라인 공간에서 두고두고 읽을 수 있으니 독자 폭을 넓혀 시장을 확대할 수 있으리란 기대도 생겼지요. 2007년 전자책 제작 회사 북토피아에서 장르소설 전문 사이트 '와키'를 열고, 2008년에는 지금도 남아 있는 '북큐브'가 오픈했습니다. 전자책 시장의 형태가 변모하는 것을 보고 인터넷소설 연재 플랫폼도 유료 정책을 도입하기 시작합니다. 대표적인 플랫폼이 유료 구독 모델인 노블레스 서비스를 시작한 '조아라'입니다.

그러나 이 시기, 전자책으로의 변화는 큰 성과를 거두지 못했습니다. 여기에는 여러 이유가 있습니다. 무엇보다 당시에는 아직 인터넷 콘텐츠를 유료로 이용해야 한다는 데 대한 사회적 합의가 이뤄지지 못했기 때문이었죠. 저작권 인식은 처참할 정도로 낮은 수준이었고, '와레즈'를 비롯한 수많은 불법 사이트에서 불법 복제된 콘텐츠들이 공공연하게 유통되었습니다. 그런 상황에서 안 그래도 '기껏 해야 대여점에서나 빌려 보는 소설'이라는 인식이 강했던 장르문학을 정가에 구매하려는 사람은 드물었습니다.

또 다른 이유는 결제와 독서가 컴퓨터와 리더기라는 두 매체로 양분된 과도기였기 때문이었습니다. 콘텐츠가 인터넷 기반으로 변화하는 와중에도 도서를 책으로 구매하는 사람들은 이야기 자체의 가치만큼이나 책의 물성을 중요시했습니다. 그런 사람들에게 전자책의 형식과 장점을 거부감 없이 전달하는 데 실패했던 것이지요.

더군다나 이런 상황에서 전자책 회사들은 차세대 전자책 매체를 스마트폰이 아니라 'E북 리더기'로 설정하는 우를 범했습니다. 책이라는 물체에 익숙했던 사람들이니 만큼, 독서를 위해 개별의 매체가 따로 필요하리라 판단한 탓이었지요. 안타깝게도 '책을 읽으려면 새 기기를 구매해야 한다'는 사실이 패착이 되어 버렸습니다. 낮은 가격으로 빠르게 이야기를 소비할 수 있는 대여점에 익숙했던 이들에게 수십만 원에 달하는 기기 값을 지불하고 당시엔 비쌌던 전자책 가격을 이중으로 지불하는 구조는 그 자체가 진입장벽이었습니다.

여기서 다른 중요한 사실 하나에 주목해 보면 좋겠습니다. 이러한 시행착오 중에도 장르문학은 디지털 공간에서 유통되기 위한 노력을 멈추지 않았다는 점 말입니다. 그리고 이에 화답하듯 마침내 변화의 서막이 열립니다. 2013년 1월 거대 플랫폼 네이버가 '네이버 웹소설 공모전'을 연 것입니다.

초기 네이버 웹소설은 두 가지 방향으로 작품을 선보였습니다. 하나는 무협과 로맨스 분야에서 이미 활동하는 작가들을 섭외한 것이었죠. 기존의 장르 문법을 잘 알고 있는 독자들을 끌어 모으려는 움직임처럼 보였습니다. 두 번째는 신인 작가를 발굴하는 것이었습니다. 이미 웹툰에서는 '베스트도전'이나 '챌린지리그' 등 아마추어 작가를 발굴하기 위한 공간을 운영하고 있던 터라, 그 노하우를 웹소설에서 재현한 셈이었지요.

네이버 웹소설은 '웹소설'이라는 브랜드 안에서 새로운 형태의 소설을 만들어 내려고 많은 시도를 했습니다. 사진과 소설을 합친 형태의 새로운 서사 형식을 선보이기도 했고, 소설의 대사 앞에 캐릭터의 얼굴 이미지를 삽입하고 서사나 묘사보다 대사의 비중을 높여 당시 전 세계적으로 유행하던 채팅형 소설의 감각을 재현하기도 했지요. 한 편 한 편에 일러스트를 삽입하기도 했습니다. 이러한 시도는 일부 호응을 얻었지만 대중의 외면을 받기도 했습니다.

웹소설의 포맷이 더 구체적으로 자리 잡기 시작한

것은 카카오페이지와 문피아 등 다양한 플랫폼들이 각자 저마다의 인터넷 생태계를 만든 후였습니다. 카카오페이지는 대여점에서도 큰 인기를 끌던 소설 『달빛조각사』를 성공적으로 런칭하며 가능성을 엿보았고, 문피아 역시 편당 결제 시스템을 만든 후 『환생좌』, 『마왕의 게임』, 『탑 매니지먼트』, 『요리의 신』 등의 소설을 선보이며 새로운 매체에 어떤 소설이 적합한지를 보여 주는 롤 모델을 구현하는 데 집중했습니다.

지금 우리가 알고 있는 웹소설은 장르문학이 수년간 몇 차례의 고락을 거듭하며 살아남기 위해 쉼 없이 대안을 모색한 결과물입니다. 한국콘텐츠진흥원 추산 2013년 100억–200억 정도로 집계되었던 시장의 규모는 2016년 1800억, 2017년 2700억, 2018년 4000억을 넘어 2022년 1조 원 규모를 돌파하기에 이릅니다. 매년 약 두 배 가까운 수치로 빠르게 성장한 결과이지요.

이처럼 웹소설이 단기간 고도화되며 성장한 만큼 소설 속엔 많은 맥락이 압축된 기호가 생겨났고, 한 편 한 편에서 재미를 강하게 추구하며 지금의 시장 구조로 정착되기에 이릅니다. 긴 이야기였습니다만, 웹소설과 장르문학의 역사를 먼저 살펴보아야 비로소 웹소설로 구현된 장르문학 텍스트 속 기호들이 어떠한 맥락에서 만들어지고 창작되는지를 이해하는 첫 걸음을 딛을 수 있습니다.

그럼 이제 본격적으로 웹소설 읽기에 대해 이야기 해 볼까요.

II

웹소설을 읽기 전에

〔 5 〕
짧은 연재 호흡과 서사의 변화

지금까지 우리나라에서 장르문학이 어떻게 만들어졌는지 역사적 맥락을 살펴보았습니다. 앞장에서 밝혔듯 우리나라의 웹소설은 웹이라는 공간에서 유통되는 모든 소설을 통칭하는 용어가 아닙니다. 웹소설은 스마트폰을 기반으로 유통되는 장르문학의 통칭으로, 해외에서 주로 분류하는 추리나 호러 등의 장르문학과 달리 우리나라의 대여점 시장을 거치며 독자적인 특징을 얻은 독특한 형태의 텍스트입니다. 그러므로 국내 장르문학이 무엇인지 알고 특징을 이해해야 비로소 웹소설을 제대로 읽을 수 있습니다.

웹소설을 제대로 읽는다는 것이 무슨 뜻인지 의아

하지 않나요? 실제로 초기 웹소설이 만들어졌을 때, 인터넷상에서는 기존 대여점 시장을 바탕으로 한 장르문학과 웹소설 시장 속 텍스트에 어떤 차이가 있는지 잘 모르겠다는 반응이 많았습니다. 인터넷 대여점 소설, 혹은 VT통신 시절의 연재 소설과 별 차이 없다는 주장도 허다했지요. 만화와 웹툰의 차이를 이야기할 때도 이런 논란은 종종 벌어집니다. 매체의 차이나 특성보다 그 안에 존재하는 서사에만 집중한 의견이었을지도 모르겠습니다.

이런 인식은 2013년을 전후한 초기 장르문학엔 유효했을 겁니다. 실제로 당시 웹소설은 그 명칭처럼 스마트폰보다는 인터넷에서 소비되는 걸 전제로 한 소설이었기 때문입니다. 사람들은 대체로 PC를 통해 인터넷에 접속했고, PC를 통해 작품을 창작했으며 PC를 통해서 작품을 소비했지요. 당시 네이버 웹소설에서 정규 연재로 작품을 선보인 작가들 역시 기존의 장르문학 작가들이었습니다. 무협소설이나 로맨스소설을 쓰던 기성 작가들이 작품을 연재했죠.

잠시 대여점 장르문학 시절로 돌아가 보겠습니다. 일반 대중이 장르문학을 말초적인 쾌락을 추구하고 가볍게 소비하는 스낵컬처 콘텐츠라고 여기기 시작한 것은 대여점이라는 유통 공간이 장르문학 서사의 특징을 바꿨기 때문입니다. 사람들이 웹소설을 보다 '웹소설 답게' 소비하기 시작한 계기도 다양한 플랫폼을 통해 유료 웹소설 시장이 정착했기 때문이죠.

웹소설 플랫폼의 등장과 시장 질서의 정착은 생각보다 많은 것들을 바꿨습니다. 이러한 변화를 감각할 수 있게끔 쉽게 설명하는 데는 질문 두 가지면 충분합니다.

먼저, 여러분은 소설책 한 권을 읽는 데 시간이 얼마나 걸리나요? 각자 마음속에서 이 질문에 답해 봅시다. 두 번째 질문입니다. 웹소설은 보통 25편에서 30편 정도의 분량으로 일반 단행본 한 권을 만듭니다. 그럼 여러분은 웹소설 한 권 분량을 읽는 데 시간이 얼마나 필요할까요?

분량마다 다를 테지만 통상 소설책 한 권을 읽는 데 걸리는 시간은 두세 시간 내외입니다. 평균 150분 내외의 시간이 소요되는 편이지요. 그렇기에 사람들은 자신의 독서 습관을 기반으로 두 시간 정도가 소요될 것이라 답하곤 합니다. 하지만 이것은 어디까지나 소설의 물리적인 텍스트 분량만을 감안했을 때 가능한 대답입니다. 보통 웹소설 작품 한 권을 끝까지 읽는 데 소요되는 시간은 25일, 600시간이기 때문이에요. 이렇게 긴 시간이 필요한 이유는 뭘까요? 대다수 플랫폼에서 웹소설은 하루 한 편 연재되기 때문입니다. 실시간으로 연재되는 글을 따라서 읽다 보면 내가 아무리 다음 편의 내용이 궁금해도 24시간을 대기할 수밖에 없습니다.

이러한 24시간의 구조는 많은 것들을 바꿨습니다. 우선 웹소설에서 구현될 수 있는 장르의 제약이 생겨납니다. 가장 대표적인 장르가 호러와 추리, 미스터리, 스릴러입니다. 기존의 인쇄 출판 시장에서 이러한 장르들이 성립한 까닭은 방대한 정보와 복선, 인물들의 심리와 행동의 섬세한 묘사를 통해 정보를 누적할 수 있기 때문이었습니다. 두세 시간 동안 책을 읽으며 독자는 머릿속에서 책의 내용을 차곡차곡 정리하고 나름의 지도를 그립니다. 읽은 내용을 잊었다면 앞 페이지로 돌아가 금방 다시 복기할 수 있죠.

하지만 웹소설은 이러한 '암기'나 '복기'가 이루어지기 무척 어려운 구조입니다. 독자들은 한 편을 읽기 위해 24시간을 대기해야 하고, 그러다 보니 장편소설을 따라 가려면 자연스레 긴 시간이 소요되기 마련입니다. 거기에 5,000자라는 물리적 한계 때문에 사건의 정보를 복잡하게 나열할 수도 없습니다. 더군다나 웹소설은 플랫폼에서 한 편 단위로 끊어 소비하는 콘텐츠이다 보니 독자들은 한번에 여러 편의 소설을 횡적으로 다수 구매해 읽는 경우가 많습니다. 즉, 10편이나 20편 전의 복선을 되짚어야 한다면 독자는 한 달 동안 읽은 웹소설 100편, 많으면 500편에서 1,000편의 소설 중에서 한두 줄의 문장을 찾아야 하는 셈입니다.

한 권 단위가 아니라 한 편 단위로 분절된 소설을 구매하는 방식 또한 웹소설의 내용에 큰 영향을 끼칩니다. 독자들은 매 편을 구매하면서 계속 읽을지 말지 판단합니다. 5,000자 내외의 글 한 편으로 독자들에게 만족감을 주지 못하면, 독자들은 금방 떠나 버립니다. 다음 편을 결제하지 않고요. 기승전결의 서사 구조가 완결되지 않았음에도 언제든지 읽기를 중단할 수 있는 것이지요. 이것은 독자들이 '한 권' 또는 '하나의 이야기'라는 정해진 구조에 얽매일 필요가 없음을 의미합니다.

따라서 웹소설에선 고전 문학이론에서 말하는 '서사'의 기능이 상당히 옅어집니다. 고전 문학이론에서 서사란 인물이 사건을 경험하며 다른 상태로 변화하는 것을 뜻합니다. 좀 더 쉽게 설명해 볼까요. 여러분이 웹소설을 한 번도 읽어 본 적 없다고 가정해 보겠습니다. 그런 경우 웹소설을 다룬 이 책을 읽고 웹소설 읽기에 도전해 보는 것은 하나의 사건일 테죠. 여러분의 일상에서 한 번도 경험한 적 없는 낯선 이벤트가 일어나는 것이니까요.

하지만 웹소설에서 별다른 재미를 찾지 못한 채, '역시 나는 웹소설과 맞지 않네'라고 판단을 내린 뒤 한 걸음 물러났다고 가정해 보겠습니다. 그럼 이러한 이벤트는 여러분에게 극적인 변화를 만들지 못했고, 그러므로 '서사'를 만드는 것 역시 실패한 셈입니다. 서사에서 말하는 '변화'란 기존의 세계가 단절되고 상실될 만큼 강력한 '충격'을 주어서 일상의 내러티브를 완전히 끊어버릴 정도의 강력한 힘이거든요. 그렇기에 앞선 사건이 서사가 되려면 여러분의 웹소설 읽기가 인생을 변화시킬 만한 중요한 포인트가 되어야 합니다. 이를테면 웹소설의 세계를 알고 재미있는 작품을 만나다 보니 웹소설 창작에 도전하고 싶어지고, 그 결과 웹소설 작가로 데뷔해 직업이 바뀌는 것처럼요.

웹소설은 독특하게도 인물의 변화가 거의 없는 소설입니다. 최근 드라마 『재벌집 막내아들』로 인해 유명해진 '회귀물' 웹소설을 예로 들어 보죠. 회귀물이란 주인공이 현재의 기억을 가진 채 과거로 돌아가서 인생을 다시 시작하는 장르를 뜻합니다. 만일 여러분이 10년 전으로 회귀한다면 어떤 일을 할 건가요? 만약 제가 비슷한 질문을 받는다면 당연히 부동산 구매와 비트코인 구입, 주식 매매 그리고 보다 빠르게 웹소설 시장으로 뛰어들겠다는 생각 등을 떠올릴 것 같습니다. 제가 이런 생각을 떠올린 이유는 현재 우리나라의 모습을 잘 알고 있기 때문입니다. 코로나19가 닥치며 비트코인과 주식의 가격은 요동치고, 부동산 가격은 폭등 했지요. 이런 사실을 알고 있는 이상, 과거로 돌아간 저는 빚을 내서라도 앞으로 가치가 오를 자산들을 구매하는 데 열중할 것 같습니다.

　이렇게 자산을 구매한다면 과연 실패를 경험할까요? 확실한 미래의 정보를 갖고 있는 만큼 실패 가능성은 현저히 낮습니다. 물론 주변 사람들에게 비웃음을 당할지도 모릅니다. 대출까지 끌어다가 수억 원의 빚을 내서 주식과 가상화폐를 사는 데 몰두하는 걸 보며 누군가는 조롱하고, 누군가는 원망할지도 모르지요. 하지만 10년의 세월이 지난 뒤에는 분명 약속된 해피엔딩을 거머쥘 수 있습니다.

　이처럼 웹소설에서 회귀가 일어나는 순간 주인공은 실패할 수 없는 운명 속으로 나아갑니다. 회귀라는 기적은 기적의 대상이 된 사람을 일종의 신적 존재이자 선각자, 예언자로 변모시킵니다. 중요한 것은 이러한 회귀가 소설 중간이 아니라 소설의 시작점, 프롤로그에서 일어난다는 점입니다. 심지어 독자들은 소설의 제목에서 '회귀'란 단어를 포착하고, 이 소설이 회귀물이라는 걸 다 아는 상태에서 읽기 시작하지요.

물론 주인공은 자신의 부족한 점들을 채우려고 치열하게 노력합니다. 가난한 사람은 부를 얻기 위해 노력하고, 능력이 부족하거나 인정받지 못한 사람은 능력을 최대치로 발휘해 명예와 직위를 얻기 위해 노력하겠죠. 하지만 이러한 변화는 작품에서 이미 예정되어 있는 결말을 향해 가는 일상의 무한한 연속입니다.

이러한 소설의 형태는 더 이상 우리가 알고 있던 고전적인 서사의 모습이 아닙니다. 독자들 역시 더 이상 미래에 주인공이 어떻게 될 것인지 궁금해하지 않습니다. 웹소설 읽기의 핵심은 '내가 바라는 그 일들이 일어날 것인가?'라는 독자의 기대감과 그것을 자극적이고 아름답게 그리고 독자들이 생각하지 못한 방식으로 구현하는 작가의 복잡한 체스 게임인 셈입니다.

간혹 이러한 웹소설 읽기의 특징이 웹소설의 병폐적 증상을 드러낸다고 지적하는 사람들도 있습니다. 누군가는 웹소설이 대중의 독해력을 저하시킬 것이란 우려를 내놓기도 합니다. 저는 이러한 걱정에 단호하게 고개를 젓습니다. 독자들이 완결된 이야기에 집착하지 않고 언제라도 읽기를 그만둘 수 있는 까닭은 오히려 웹소설의 평균 퀄리티가 상승했기 때문입니다. 지금 읽고 있는 콘텐츠가 만족스럽지 못하다면 언제든지 그만두고 더 나은 양질의 콘텐츠를 소비하러 떠날 수 있습니다. 플랫폼의 실시간 순위나 수많은 온라인 리뷰 커뮤니티에서 다양한 정보를 얻을 수 있고, 웹소설 작품의 총량은 해가 갈수록 기하급수적으로 늘어나고 있습니다. 이런 상황에서 고전적인 독서 방법을 고집하는 것이야말로 새로운 시대와 기술에 어울리는 읽기 방법을 외면한 채 과거에 머무르는 일인지도 모릅니다.

자, 그럼 다시 서사에 대한 이야기로 돌아와 보겠습니다. 고대부터 문학에서 소설은 서사를 읽는 장르였습니다. 시는 서정 즉, 감정을 풀어서 서술하고 소설은 사건의 전개를 풀어서 서술하죠. 그런데 소설에서 서사가 옅어졌다면 독자는 과연 무엇을 읽어야 할까요? 우리가 웹소설을 읽을 때 중요한 것은 웹소설에서 풀어내는 이야기와 캐릭터의 변화가 아니라 읽는 동안 느끼는 감정, 그 자체입니다.

{ 6 }

웹소설에 대해 우리가 알아야 할 몇 가지

사이다와 고구마 그리고 독자의 감정 변화

평소 '사이다'라는 표현을 자주 사용하는 편인가요? 이제 신조어라고 하기에도 어색할 만큼 흔히 사용하는 사이다는 '고구마'와 함께 쓰이는 신조어로 등장했습니다. 콘텐츠를 감상하다 답답한 감정이 드는 순간을 가리켜 마치 고구마를 마구 먹어 목이 멘 듯하다고 해서 '고구마', 그러한 답답한 상태를 해결하는 요소를 가리켜 '사이다'라고 하죠. 그런데 이 고구마와 사이다 이전에 비슷하게 사용된 용어가 있습니다.

바로 '발암'과 '항암제'입니다. 사람의 마음을 답답

하게 만드는 서사가 마치 암이라는 질병에 걸리는 듯하다 하여 '발암'이 사용되고, 이런 상황을 타개하는 해결책을 '항암제'라 표현한 거죠. 그러나 이를 유행처럼 가볍게 사용하는 것은 실제 암 환자의 언어를 빼앗는 것이며, 자칫 암을 경시하게 만들어 절박하게 투병하는 사람들에게 상처를 줄 수 있다는 지적이 나왔습니다. 결국 발암과 항암제란 용어는 신조어 치고 굉장히 빠르게 사라졌고, 그 자리를 사이다와 고구마가 차지했습니다.

용어를 둘러싼 윤리적 담론에서 한 발자국 떨어져 나와서 보면, 발암과 항암제라는 표현 자체는 이 사회를 둘러싼 사이다에 대한 욕망을 보다 정확하게 보여 줍니다. 고구마는 심리적으로 답답한 상태를 의미하는데, 어떤 사건이 뜻대로 풀리지 않을 때를 가리킵니다. 즉 세상의 부조리를 자각할 때 느끼는 감각에 가깝습니다. 그런데 발암의 은유는 이면에 더 큰 '스트레스'를 전제합니다. 누군가의 그릇된 행위, 폭력적이고 비윤리적 행위를 지켜보는 데서 오는 불쾌감과 나아가 나 자신이 그 대상이 될지도 모른다는 공포가 깔려 있지요. 웹소설의 서사 구조는 '고구마'보다 '발암'으로 은유될 수 있는 형태에 더 가깝습니다. 인터넷에서 종종 떠돌아다니는 사회적 민폐의 '썰'을 기반으로, 나에게 그런 일이 일어날 수도 있다는 막연한 두려움을 자극하는 겁니다. 대중 콘텐츠는 말 그대로 '대중'이라는 타깃을 겨냥하며 제작되는데, 사이다 열풍은 이런 대중을 위한 예능, 드라마, 영화 등 수많은 콘텐츠에 영향을 끼쳤습니다. 웹소설 또한 예외가 아니었죠.

결국 웹소설은 이 사회를 살아가는 일반 대중의 공포나 짜증, 박탈감과 열등감을 전제하고, 그 토대 위에서 서사를 전개하는 셈입니다. 작가는 이러한 현실의 파편을 고구마 혹은 발암과 같이 스트레스를 유발하는 장면을 통해 재현하고, 독자는 그러한 장면을 읽는 과정에서 세상의 부조리와 답답함을 자각하며 일상의 피로함과 스트레스를 떠올리는 것입니다.

사실 웹소설에서 재현되는 상황은 우리 일상에서 흔히 일어나는 일입니다. 하루가 멀다 하고 콘텐츠보다 더 자극적인 '썰'들이 넘쳐 나는 곳이 현실이니까요. 그런데 우리는 왜 현실보다 콘텐츠에서 더욱 답답함을 느낄까요? 철학자들은 사람들이 생에 집중하는 까닭을 죽음을 자각하는 순간 벗어날 수 없는 두려움에 빠지기 때문이라고 말합니다. 생을 치열하게 불태우고 하루하루 최선을 다해 살수록 죽음을 잊을 수 있다는 거지요. 마찬가지로 사람들은 힘든 노동 중 잠깐의 쉬는 시간이나 고된 출퇴근 시간, 통학이나 학업 시간 중, 소중한 여유 시간의 공백을 콘텐츠로 채웁니다. 그런데 이런 콘텐츠에서 현실이 너무 생생하게 끼어든다면, 휴식은 불만족스러운 상태로 중단되고 일상의 고통 속으로 쫓겨나 버릴 겁니다.

이러한 탈락의 위기에도 독자들이 웹소설을 계속 읽게 만드는 힘이 사이다에 있습니다. 앞서 항암제와 사이다에 대해 설명했는데, 개인적으로 저는 사이다라는 용어를 선호합니다. 항암제는 이전의 병리적 상태를 치료하는 것으로 끝나는 반면, 사이다는 '청량감'이라는 명확한 감각을 주거든요. 독자들은 소설에서 답답한 현실의 파편을 마주하고 현실의 나와 소설 속 캐릭터가 비슷한 사회에서 비슷한 체험을 하고 있다고 느낍니다. 이질적이고 환상적인 설정으로 창작된 허구의 세계임에도 불구하고 세계를 구성하는 질서만큼은 현대 사회와 큰 차이점이 없는 것이지요. 그리고 이러한 일체감을 느끼는 순간, 현실과 달리 웹소설에서는 사이다 현상이 펼쳐집니다.

이때 우리는 한 가지 재미있는 지점을 포착할 수 있습니다. 고전적인 서사의 개념은 인물이 사건을 만나 극적으로 변화하는 지점을 다룬다고 이야기했습니다. 그러나 앞장에서 살펴본 것처럼 웹소설의 인물은 크게 변화하지 않습니다. 이미 설정된 지위와 권력을 갖고 있는 인물이 자신의 능력을 발현하는 것에 초점을 두기 때문이지요. 성장할지언정, 그 성장의 방향이 전혀 바뀌지 않고 초기에 설계된 목적을 위해 달려갑니다.

그럼에도 웹소설이 '소설'이라는 구조로 불릴 수 있는 까닭은 짧은 단위로 읽는데도 소설 바깥에 있는 독자의 감정이 빠르게 요동치고 변화하기 때문입니다. 독자들은 소설을 읽는 동안 고구마와 사이다의 순간을 동시에 경험하죠. 그렇기에 웹소설의 장르들은 이러한 감정의 변화가 어떤 방향으로, 어떤 방식으로 진행될 것인지 알려 주는 검색어의 기능을 합니다.

예를 한번 들어 볼까요? '힐링'이라는 키워드를 아시나요? 몇 년 전부터 그다지 큰 갈등 없이 일상을 다루는 콘텐츠들이 '힐링물'이라는 이름으로 소비되기 시작했습니다. 여기서 주목할 점은 별다른 갈등 없이 일상적인 상황을 덤덤히 보여 주는 콘텐츠가 우리를 회복시킬 거라는 믿음, 실제로 회복되는 감각을 느끼는 독자 그리고 이러한 감각 자체가 장르로 구분되는 현상입니다.

갈등이나 다툼이 없으며 인간을 있는 그대로 바라보는 세상이 일종의 유토피아처럼 느껴진다는 것은 어디에나 갈등과 다툼이 있으며 인간을 인간으로 보지 않는 디스토피아가 현대 사회임을 반증합니다. 언제나 다른 사람들과 경쟁하고, 발작적으로 자기주장을 해 보이지 않으면 도태되는 신자유주의의 삶 속에서 현대의 병폐를 과장해 보여 주지 않고 그저 인간 본연의 모습을 차분히 묘사하는 것만으로도 우리는 인간사회의 낭만과 잠재력, 희망을 다시 떠올릴 수 있는 겁니다.

이미 아는 것에 대한 기대감이 핵심

사이다와 힐링 같은 키워드는 콘텐츠 이용자로서 독자가 느끼는 감정이 웹소설의 핵심에 자리한다는 점을 상기시킵니다. 어떤 감정과 감각을 얻는지가 웹소설 독서에서 가장 중요한 것이죠. 이 부분을 염두에 두고, 기초적인 웹소설 읽기 방법을 정리할 필요가 있습니다.

웹소설은 한 권의 책에서 이야기를 완결까지 독해하는 고전적인 독서 방법과 큰 차이가 있습니다. 플랫폼은 5,000자 내외로 분절된 작품을 편 단위로 판매하고, 독자는 짧게 분절된 한 편의 내용을 24시간이라는 물리적 시간 제한 안에 소비합니다. 이러한 소비는 대부분 스마트폰을 통해서 이루어지지만, 웹소설이나 웹툰을 보려고 새로운 핸드폰을 사는 사람은 없지요. 스마트폰은 다양한 업무를 함께 진행하는 멀티태스킹 기기니, 우리는 웹소설을 읽는 중간에도 전화나 메시지, 메일 등으로 인해 현실로 튕겨 나옵니다.

매체와 텍스트 유통의 관습적 제약으로 인해 웹소설 읽기는 한 권의 책 안으로 몰입해 들어가며 명상처럼 이루어지는 고전적 독서와는 전혀 다른 방법을 찾아갑니다. 웹소설 플랫폼에 접속하고, 즉각적으로 자신의 감정이 움직이는 순간에 집중해야 하죠. 그러니 웹소설을 제대로 읽으려면 문장과 인물, 사건과 주제 등을 독해하는 것이 아니라 웹소설의 흐름이 나에게 어떤 감정과 기대감을 불러일으키는가 하는 감각에 주목해야 합니다.

근대의 소설은 이러한 '기대감'보다 '궁금증'을 기반으로 전개하는 텍스트였습니다. 저는 수업에서 기대감과 궁금증을 이렇게 설명하곤 합니다. 치어리딩 복장을 입은 한 명의 소녀가 길을 걷고 있습니다. 소녀의 시선이 닿지 않는 저 먼 뒤편에서 짧게 깎은 머리에 표정이 딱딱하게 굳은 군인이 주먹을 꽉 쥔 채 몰래 따라 오고 있습니다. 작가가 이 장면을 한 장의 사진으로 독자에게 보여 준다면, 그 외에는 아무런 정보도 없는 독자는 앞으로 과연 무슨 일이 펼쳐질지, 이 장면의 장르가 무엇인지 여러 가능성을 떠올리며 독해하겠지요. 이러한 독해는 독자에게 '상상하라!'라는 명령을 내립니다. 하지만 현실의 바쁜 독자들은 별 이유 없이 굳이 상상할 에너지와 그만큼의 집중력을 쏟아 내기가 어렵습니다.

기대감은 여기서 독자에게 추가 정보를 풀어내는 것으로 시작합니다. 이를테면 저 군인이 사전에 진행한 인터뷰를 보여 줄 수 있을 테죠.

"안녕하십니까. 저는 톰입니다. 아프가니스탄에 4년 동안 파병을 갔고, 올해 복귀합니다. 저에게는 열다섯 살 된 딸이 있습니다. 파병 당시 딸은 아직 초등학생이었지요. 제가 고통스러운 군 생활을 견뎌 낸 것은 먼 고향에서 저를 응원해 주던 딸 덕분이었습니다. 딸이 동영상으로 찍어 보낸 사랑스러운 응원 영상들이 저를 전장에서 미치지 않게 도와주었거든요. 이제 4년이 지나 딸은 중학생이 되었고, 학교 치어리딩부의 부장이 되었습니다. 오늘은 학교 농구 경기에서 딸이 이끄는 치어리딩부가 멋진 공연을 펼친다고 하더군요. 딸은 그 경기의 솔로 무대를 장식할 겁니다. 그리고 모든 공연이 끝났을 때, 동물 탈을 쓰고 있던 제가 딸 앞에 나타날 계획이에요."

이러한 인터뷰를 통해 우리는 앞선 사진 속 사람들이 누구인지, 그들이 어떤 삶을 살아 왔는지에 관한 정보를 얻습니다. 이런 사전 정보는 이후에 펼쳐질 이야기를 한 가지 방향으로 예상하고, 기대하게 만들죠.

우리는 두 사람이 극적으로 마주하는 순간, 이들의 얼굴이 눈물과 웃음으로 범벅이 될 것임을 이미 알고 있습니다. 부둥켜안거나 환희의 비명을 지르기도 할 것이며, 이를 지켜보는 주변 사람들이 부러움과 감동으로 박수를 쳐 줄 것도 알고 있지요. 바로 이 사전 정보가 우리로 하여금 이 콘텐츠를 오랫동안 기다려서라도 보게끔 만듭니다. 우리의 예상이 맞아들어가는지 확인하고, 그 예상이 어떻게 구현되는지를 확인하기 위해서요. 이러한 선제적인 지식의 체계를 가리켜 '장르'라고 부릅니다.

웹소설에서 유통되는 콘텐츠는 대부분 장르문학이고, 이때 장르는 대중이 특정한 상징과 기호를 어떤 식으로 받아들이고 즐길지 이미 정해진 규범을 일컫습니다. 현재 출간 중인 웹소설의 다양한 기호들은 굳게 닫힌 채 수많은 병폐와 차별, 혐오의 현대 사회를 전제하고, 이러한 사회에서 '나'라는 주인공이 어떻게 현실을 극복하는지를 상징으로 보여 줍니다. 그러니 독자들은 웹소설을 읽기 위해 현대 사회에서 지금 내가 가진 아픔이나 슬픔, 또는 분노와 좌절의 발화 지점이 어디인지 이해하고, 이러한 결핍을 소설 속 주인공이 어떻게 극복해 나가는지에 집중해야 하는 셈입니다.

　물론 웹소설은 사회의 비평이나 혁명을 주장하는 계몽소설이 아닌 만큼, 지금의 현실 세계를 혁신적으로 바꾸진 못할 겁니다. 오히려 병들고 지친 세계 속에서 타인과 뚜렷이 구분되는 재능을 통해 또 다른 기득권이 되어 버리는 주인공들이 대다수라 할 수 있어요. 하지만 적어도 이러한 인물들이 거듭 주인공으로 등장할 때, 우리는 그들의 성공을 읽으며 현재를 버티고 계속 이어 나갈 힘을 얻는지도 모릅니다.

웹소설의 재미이자 장벽, 코드

지금까지 장르문학의 역사에서부터 웹소설의 특징까지, 꽤 긴 분량을 함께 톺아보았습니다. 들어가는 말에서 이야기했듯 이 책은 웹소설을 잘 모르고 있거나 혹은 웹소설에 대한 편견을 갖고 있거나 낯설어하는 이들에게 웹소설이 무엇인지 차분히 설명하기 위해 썼습니다. 그리고 이 설명의 끝에서 필연적으로 등장해야 하는 것이 지금 출간되고 있는 웹소설을 읽기 위한 키워드라 할 수 있습니다.

장르문학은 '코드'code라고 불리는 아주 작은 단위를 기반으로 만들어졌습니다. 코드란 단순히 장르적인 기호를 뜻하는 것이 아닙니다. 이를테면 앞서 '회귀'를 예로 들어 설명한 것처럼 코드 속에는 주인공의 과거와 미래, 소설의 구조와 형태, 주제, 앞으로 독자들이 독서를 통해 얻을 수 있는 재미의 소재 등이 압축되어 있습니다. 이러한 기호는 대부분 웹소설 이전 시대의 장르문학 때부터 오랫동안 이어져 왔지요.

코드의 요소 중 우리가 중요하게 살펴보아야 하는 것은 재미입니다. 웹소설은 결국 소설을 읽는 독자들이 즐거움과 유쾌함을 느껴야 제대로 기능했다 말할 수 있습니다. 그리고 이러한 재미는 대부분 코드가 불러일으키는 무의식적인 연상 작용으로 생겨나는 경우가 많습니다. 그런데 바로 이 지점에서 웹소설의 자장 바깥에 머물러 있는 사람들이 장벽을 느끼곤 합니다.

가장 대표적인 사례가 게임 시스템 창이나 회귀, 빙의, 환생 같은 요소들입니다. 실제로 웹소설 창작이나 독서 강연을 다니다 보면 인기 웹소설을 읽으려고 시도해 보았으나 이상한 게임 창이 뜨고, 주인공이 회귀나 환생하는 과정이 뜬금없으며 개연성을 확보하는 기본적인 설명조차 이루어지지 않아 초반 2-3화를 넘기지 못한 채 포기했다는 사람들이 많습니다. 장르 바깥에 있는 사람들에게 코드, 그 장르의 요소들은 대전제를 무조건적으로 받아들여야 하는 종교적 체험과 다르지 않은 겁니다.

이제부터는 코드에 대한 이해가 필요합니다. 웹소설 속에서 코드가 함축하는 상징과 알레고리, 구조를 조금 더 편안하게 받아들이고 각 코드별로 소설 구조를 독해하는 방법을 살펴볼 시간입니다.

III

웹소설 본격 읽기

{ 7 }
웹소설의 욕망을 드러내는 코드

가장 유명한 스토리텔링 작법서를 꼽으라고 하면, 저를 포함해 많은 사람들이 로널드 B. 토비아스가 쓴 『인간의 마음을 사로잡는 스무 가지 플롯』을 말할 겁니다. 다양한 이야기의 구조를 스무 가지 플롯으로 정리하여 보여 준 명저거든요. 토비아스는 이 책에서 플롯이란 실제일어나지 않은, 만들어진 이야기의 원자들을 묶어 독자에게 그럴듯하게 전달하는 힘이라고 이야기합니다. 플롯이 성공적으로 만들어진 순간, 독자는 이야기의 소재가 진짜인지 가짜인지에 주목하지 않습니다. 그들이 주목하는 건 사건과 서술이 만들어 내는 긴장감 그 자체이지요.

플롯의 이런 특징을 보다 보면 웹소설에서 사용되는 코드와 비슷하다고 느껴질 때가 있습니다. 코드는 그 자체가 사회적 밈meme인 동시에 독자와 창작자가 공통으로 추구하는 욕망이자 지금부터 전개되는 모든 사건이 '허구의 이야기'라는 것을 가정하는 약속이기 때문입니다. 제가 여러분에게 "만약 로또 1등에 당첨되어서 60억을 받는다면 어디에 쓸 건가요?"라고 물었다고 가정해 봅시다. 이야기의 화자인 제가 '만약'이라는 화두를 던지는 순간, 굳이 말하지 않더라도 화자와 청자는 모두 이 이야기가 거짓말이라는 사실을 인지합니다. 내용과 상관없이 형식이 만들어 낸 마법이라고 할 수 있지요. 더 이상 이 이야기에서 진실과 거짓의 여부는 중요하지 않으며, 오로지 로또 1등에 당첨된 상황과, 그로부터 이어지는 이야기 자체에 주목하게 되지요.

이처럼 사회에서 보편적으로 통용되는 구조는 그것이 발화되고 사용되는 순간 소비자들을 현실 세계에서 이야기의 시공간으로 끌어당깁니다. 이것은 단순히 스토리텔링에서만 유효하지 않습니다. 여기 한 장의 종이가 있습니다. 첫 번째 문장이 사람의 이름과 함께 '누구님께'로 시작되면 독자들은 자연스럽게 그 글을 한 사람이 다른 사람에게 보내는 편지의 형식으로 받아들입니다. 혹은 서류의 제일 위쪽에 '사용 설명서'라는 제목이 붙어 있으면 서류의 내용이 특정 상품의 기능과 사용법에 대한 설명일 거라 예측할 수 있지요. 이처럼 우리는 아주 작은 문장의 형식을 마주하는 것만으로도 그 문장이 만들어 낸 세계 속으로 진입할 수 있습니다.

서두에서 장르에 대해 길게 이야기한 이유 역시 여기에 있습니다. 웹소설은 웹이라는 공간 속에서 창작되고 유통되지만 대부분 스마트폰으로 읽는다는 것, 편당 유료 결제를 통해 짧게 잘린 분량 안에서 기승전결을 구축해야 한다는 것 등 다양한 요소가 읽기 방법에 영향을 끼칩니다. 그러나 한 번 더 말하자면 가장 중요한 건 웹소설에서 주로 사용되는 요소들입니다. 앞으로 이 요소들이 무엇이며, 그 구조 속에서 웹소설을 어떻게 읽어야 하는지 이야기해 보겠습니다.

1) 회귀

드라마 『재벌집 막내아들』의 성공 이후 웹소설 중에서도 회귀물에 대한 관심이 무척 커졌지요. 웹소설을 이제막 찾아 읽기 시작할 때 가장 흔하게 접하는 코드 중 하나 역시 회귀일 겁니다. 그런데 회귀에 대해서 사람들과 대화를 나누다 보면 이야기가 헛도는 느낌을 받을 때가 많습니다. 이는 장르에서 종종 사용되는 회귀의 소재와 형식이 웹소설로 구현된 회귀물의 구조와 차이가 있기 때문입니다.

사실 회귀가 별다르게 새로운 코드는 아닙니다. 미래의 지식과 정보를 가진 사람이 과거로 돌아가서 이득을 취하는 내용이니까요. 여기서 이득을 경제적인 이득으로만 볼 필요는 없습니다. 예를 들어 갑작스러운 교통사고로 돌아가신 아버지를 살리기 위해서 과거로 회귀해 사고가 나기 전 아버지를 붙잡고 절절히 이야기를 늘어놓는 사람을 떠올려 봅시다. 그에게는 수억 원의 돈을 버는 것보다 아버지의 목숨을 구하는 일이 더 중요할 겁니다. 이 또한 회귀물에서 자주 등장하는 서사 구조 중

하나지요. 세상을 위기로부터 구하거나, 실패한 사랑을 되돌리거나, 이별한 친구와 가족을 구하러 가거나, 과거에 잊어버렸던 무척 소중한 약속을 지키기 위해 회귀가 일어납니다.

이처럼 회귀는 단순히 주식이나 코인 정보를 꿰뚫고 부동산 거래가를 파악해서 돈을 버는 결말로 끝나는 형식을 뜻하지 않습니다. 재물은 과거로 돌아가서 얻을 수 있는 수많은 보상 중 극히 일부에 불과하니까요.

그럼 회귀라는 형식에서 나아가 장르로서 회귀물이란 과연 무엇일까요? 회귀'물'이라고 하는 것은, 회귀 서사의 구조를 통해 독자가 얻는 욕망과 그것이 주인공의 행보에 어떤 영향을 끼치는지를 조명한 작품군을 일컫습니다. 이러한 회귀물 장르의 욕망은 이미 지나간 과거, 즉 돌아갈 수 없는 고향을 그리워하는 '노스탤지어'에서 비롯됩니다. 돌아갈 수 없는 그 시절로 돌아갈 수 있다면? 이런 욕심은 누구에게나 있지요.

그래서 때때로 이 세상 모든 것들을 버린 채 과거로 돌아가 성공하고 싶다는 욕망을 '젊은 사람의 치기 어리고 노골적인 욕망'이나 'MZ 세대의 욕망' 등으로 취급하는 반응이 의아합니다. 이 욕망은 오히려 나이가 들수록 강해지기 때문입니다. 주변에서 "내가 5년만 젊었더라면⋯⋯" 하고 중얼거리는 어르신들을 본 적 없나요? 모든 사람은 자신의 삶에 비례해서 경험을 쌓습니다. 그리고 회귀는 그 이전의 삶에서 쌓은 경험이 많으면 많을수록 유리하지요. 즉 회귀물의 욕망은 젊은 사람들의 치기 어린 욕망이 아니라 오히려 오래 삶을 살고 식견을 갖춘 사람들에게 더 자극을 주는 욕망인 셈입니다.

그럼 회귀물은 이러한 욕망을 어떻게 보여 줄까요? 가장 기초적인 서사 구조를 통해 회귀 장르의 전형적인 구조와 웹소설 장르로서 회귀물을 읽는 법에 대해서 이야기해 보겠습니다.

첫째, 장르에서 회귀를 다룰 때 서사의 주인공은 크게 실패하거나 상처를 받은, 그래서 노스탤지어적인 결핍을 가진 인물입니다. 노스탤지어는 근본적으로 향수라는 감정을 의미하는 만큼, 주인공의 재산이나 사회적 지위의 결핍을 이야기하지 않습니다. 예를 들어 거대한 부를 축적한 대기업 회장이 주인공이라면 부는 얻었더라도 지금의 지위를 얻는 과정에서 자신이 세웠던 가치관이나 자신의 주변을 지켜 주던 동료들을 떠나보내는 등 어떤 상실을 경험했을 수 있습니다.

둘째, 이러한 아픔을 가진 주인공은 초월적인 힘과 마주합니다. 죽음을 체험할 수도 있고, 신이 다가올 수도 있고, 누군가의 소망이나 기원이 닿을 수도 있지요. 이런 초월적인 경험이 계기가 되어 주인공은 자신이 상실한 고향, 즉 돌아가고 싶던 과거의 어느 시점으로 회귀합니다.

셋째, 회귀 이후 가장 먼저 주인공의 육체가 변화합니다. 주인공의 경험과 정신은 바뀌지 않은 채, 상처 입고 지쳐 있던 몸이 젊고 건강한 신체로 복귀하는 거죠. 주인공은 새로운 신체를 이용해서 자신이 과거에 상실한 가치와 인연을 복구하기 위해 움직입니다. 회귀한 주인공이 진정한 삶을 회복하는 과정을 지켜보며 독자들은 자신이 경험한 상실을 되새기고 대리만족을 얻습니다.

앞서 회귀물에서 주인공들이 부나 권력을 얻는 과정을 예시로 들었지요. 웹소설 『재벌집 막내아들』 역시 마찬가지입니다. 이러한 부는 부차적인 보상에 불과하다고 설명했는데, 실제로 우리는 과거의 삶에서 '돈'을 잃어버린 적이 없기 때문입니다. 잃어버리는 것은 소유를 해야 가능합니다. 웹소설의 주인공들 역시 과거에 부유했다는 설정은 거의 없습니다. 아무래도 과거에 결핍이 있는 주인공이 다양한 성공을 거머쥐는 과정을 그리는 편이 훨씬 수월하고 쾌감도 크기 때문이겠죠.

여기서 주목해야 할 현대 웹소설 독자의 특징이 하

나 있습니다. 그들은 과거에 부와 권력을 소유한 적은 없었지만 '부와 권력을 소유할 수 있었던 기회'만큼은 소유했다고 착각하는 것입니다. 이런 심리를 바탕으로 독자는 '내가 저 주식이 오를 것을 미리 알았더라면', '내가 저 부동산 가격이 폭등할 것을 미리 알았더라면' 하고 안타까워하며 웹소설을 읽고 회귀하여 성공한 주인공으로부터 대리만족을 느끼는 겁니다.

무척 신기한 심리 아닌가요. 실제로 우리가 과거에 이런 지식을 알았다 하더라도 손쉽게 돈을 벌 수 있으리라는 보장은 없기 때문이지요. 설령 기적처럼 10년 전으로 회귀한다 해도 비트코인으로 벌 수 있는 돈은 극히 제한적일 겁니다. 정말로 큰돈을 벌고 싶다면 비트코인에 모든 가능성을 걸고 큰 금액으로 대출을 받아 투자자금을 만드는 것부터 시작해야겠죠. 거래한 비트코인을 안전하게 수익화하고, 그 돈을 투자하며 생활 수준을 서서히 끌어올리기 위해 합리적으로 소비하는 법이나 거시경제학에 대한 지식도 필요할 테고요.

결국 '돈을 벌 수 있는 기회'란 그 당시 정말로 내 손에 있던 것이 아니라 미래에 소급적으로 생겨난 미련의 부산물인 셈입니다. 그러나 과거로 돌아가기만 하면 돈을 벌 기회가 생기고 인생이 혁신적으로 바뀌리라는 희망을 갖는 것, 이것이 웹소설이 보여 주는 가장 대표적인 판타지가 아닐까 생각합니다.

재미있는 것은 이렇게 판타지가 현현되는 순간, 주인공과 주인공을 둘러싼 세계는 끊임없이 수정되고, 서사가 마무리될 때에는 이미 회귀 이전의 세상과 비슷해 보이지만 완전히 다른 세계로 변화한다는 점입니다. 주인공이 지긋지긋할 정도로 실패만 경험하던 세계가 주인공에게 완전무결한 성공만을 안겨 주는 세계로 바뀌고, 다시 성공의 기억들로 누적되어 더더욱 긍정적으로 변모한다는 건 회귀물이 자기계발서의 구조를 넘어서 현실 세계에 대한 일종의 비평처럼 보이기도 합니다.

웹소설 이야기 중에 왜 자기계발서가 튀어나오느냐고요? 흥미롭게도 웹소설의 세계와 구조는 언뜻 자기계발서와 닮았습니다. 자기계발서는 이 세계는 이미 현상으로 존재하고, 이 세계 속에서 '사고 구조'나 '의식'을 바꿔 서바이벌처럼 살아남아 '적응'하는 사람만이 승자로 우뚝 설 수 있다는 논리를 전개합니다. 자기계발서는 사회 구조의 문제를 바꾸는 것을 전제하지 않습니다. 이러한 구조를 뒤바꾸는 순간, 이미 이 세계에서 성공한 자기계발서의 저자가 가지는 권위가 사라지기 때문이죠. 웹소설의 주인공 역시 세계의 구조를 바꾸기보다는 현실에 더 능숙하게 적응하고 성공할 수 있는 방법을 고민하는 점에서 유사성이 있습니다.

하지만 웹소설의 서사 구조는 본질적으로 자기계발서가 될 수 없습니다. 주인공이 세계의 구조를 무시한 채 승승장구한다는 플롯은 그 이면에 초월적 능력 없이 아무것도 바꿀 수 없는 소설 속 세계의 구조 그 자체를 끊임없이 강변하기 때문입니다. 게다가 이러한 형식이 '회귀'라는 장르, '현실'이라는 무대와 합쳐지면 독특한 효과가 발생합니다. 우리나라 근현대사를 '수정'하기 위해서 역사의 오점과 비판점들을 사유하고 그것을 극복하기 위한 방안을 비평적으로 진술하기 시작하거든요.

여기까지 쭉 이야기해 보니 회귀물은 과거로는 노스탤지어를, 미래로는 유토피아를 추구하고 양 극단의 이상향을 오가는 흥미로운 장르라는 생각이 들지 않나요. 여러분도 회귀물 웹소설을 읽을 때면 그 작품이 세계를 어떻게 그리고, 어떤 욕망을 화두로 전개되는지 유심히 살펴보기를 바랍니다. 회귀한 주인공이 과거를 수정하고 '지금, 여기'를 만들어 내는 방식을 보며 새로운 재미를 발견할 테니까요.

2) 빙의

웹소설을 잘 모른다 해도 회귀, 빙의, 환생이라는 세 가지 코드는 한 번쯤 들어 본 경험이 있을 겁니다. 흔히 '회빙환'이라고 불리는 이 세 가지 코드는 웹소설의 대표적인 장르라 할 수 있습니다. 이 중에서 회귀를 가장 먼저 다룬 것은 이 형식이 장르적으로 역사가 긴 만큼 굳이 웹소설적인 특징을 들지 않더라도 쉽게 이해할 수 있기 때문입니다. 반대로 지금부터 이야기할 빙의 그리고 환생은 점점 더 웹소설적인 서사의 특징과 구조가 도드라지는 형식이라 말할 수 있습니다.

　웹소설의 '빙의'란 일반적으로 주인공이 타인의 신체를 얻는 걸 의미합니다. 이때 주인공이 깃든 신체는 기본적으로 원래의 주인공보다 뛰어난 능력 혹은 지위를 지닌 경우가 대다수이지요. 예를 들어 현실의 나는 지적으로는 뛰어난 반면, 사회적 지위나 신체적 능력은 보잘것없는데, 하루아침에 재벌 3세의 몸에 영혼이 깃들어 버린 거죠.

　그럼 원래 몸의 주인은 어떻게 될까요? 보통 원래

주인의 존재는 웹소설에서 제대로 다루어지지 않습니다. 죽었을 수도 있고, 영혼이 몸속에 침잠한 채 서서히 소멸되는 경우도 있지요. 또 어떤 소설에서는 주인공과 공존하거나 또는 지금 삶에 지쳐 주인공에게 삶을 위탁한 채 방관하는 경우도 있습니다.

웹소설 강의를 듣는 수강생들을 보면 특히 웹소설의 요소 중 '빙의'에 거부감을 보이는 경우가 제법 많습니다. 주인공이 타인의 의식을 억누르고 몸을 강탈하는 반윤리적 행위를 저지르는 것처럼 보이기 때문입니다. 이러한 지점을 이해하려면 빙의 코드가 구현된 '빙의물' 장르의 구조와 보편적으로 진행되는 서사의 형식과 패턴을 함께 살펴보아야 합니다.

첫 번째로 웹소설의 빙의는 '아무에게나' 일어나지 않습니다. 좀 더 확실히 말하면 웹소설 속 빙의는 일어날 만한 사람에게 일어납니다. 가장 대표적인 경우가 바로 빌런, 망나니, 악녀라는 세 가지 캐릭터 유형입니다. 빌런과 망나니, 악녀는 일반적으로 사회 질서에 반하고 타인에게 해를 끼치는 인물을 뜻합니다. 『악역의 엔딩은 죽음뿐』, 『백작가의 망나니가 되었다』와 같이 웹소설에서 가장 많이 빙의되는 대상이기도 하지요. 과거에 악행을 저지르던 존재에 빙의된 주인공은 기존의 캐릭터가 가진 성격과 달리 안정적이며 시민 사회의 발전을 추구하는 존재로 그려집니다. 자연스럽게 빙의체인 빌런, 망나니, 악녀가 과거에 저지른 일을 수습하거나 앞으로 저지를 거라 예상되는 일들을 사전에 가로막는 수호자이자 반성자의 역할을 하지요.

두 번째는 이러한 인물 유형이 현실 세계에 존재하지 않는, 가상의 존재라고 독자를 설득해야 합니다. 앞서 이야기한 빌런, 망나니, 악녀를 다시 되새겨 봅시다. 망나니는 의미 그대로 언동이 몹시 막된 사람을 가리키는 유형이라 비교적 이해가 쉽지만, 빌런과 악녀는 조금 묘한 감이 있습니다. 둘 다 단독으로 존재할 수 없는, 즉 반대편의 상대가 필요한 유형이거든요. 가령 빌런villian은 히어로hero의 반대 개념이고, 악녀는 신데렐라나 백설공주 같은 연약한 '주인공'을 괴롭히는 역할로, 모두 '주인공'이라는 개념이 존재하는 세계에서만 가능한 유형이라 할 수 있어요.

이런 이유로, 웹소설 주인공은 현실 세계에서 게임이나 소설, 만화나 영화 등 가상의 콘텐츠 세계로 빙의하는 경우가 보편적입니다. 앞서 이야기한 것처럼 '악역인 빙의체가 저지를지도 모르는 불행을 사전에 가로막는 수호자' 역할이 가능한 것도 이 때문입니다. 소설에서 악역들이 저지르던 악행을 이미 알고 있으니, 앞으로 그러한 행위를 하지 않겠다고 선언함으로써 가상 콘텐츠 속 세계의 평화를 지키는 수호자로 단숨에 등극할 수 있죠. 이 두 가지 전략은 독자들에게 빙의체의 의식이 죽어 마땅한 전사前史가 있다고 전달하여 일종의 권선징악 메시지를 전달하는 동시에, 사회적 책무를 이야기합니다.

아니, 망나니나 악녀, 빌런의 존재를 지우는 것이 왜 사회적 책무 같은 거창한 이야기와 연결되는 걸까요? 이 이야기를 하려면 다시 빙의의 구조를 읽는 방법으로 돌아가야 합니다. 빙의란 불균형한 두 캐릭터의 존재가 서로의 신체와 영혼이 교환되고 결국 합치되는 과정입니다. 이때 핵심은 교환이나 합치가 아니라 '불균형'에 있습니다. 한쪽이 망나니나 악녀, 빌런이라고 할 때 자칫 이들의 반대편에는 반드시 모범생, 성녀, 히어로가 존재한다고 생각할지 모르지만, 그렇지 않습니다. 웹소설에서 이들의 몸에 깃드는 캐릭터는 대부분 사회적 약자입니다. 세 유형의 공통점은 타인에게 지속적으로 해를 끼친다는 점이며, 이들의 극단은 이들과 싸우는 사람이 아니라 이들에 의해서 실질적으로 피해를 입는 소시민이 될 수밖에 없지요.

결국 빙의는 군군신신부부자자君君臣臣父父子子의 정신에 입각한 이야기라고 해도 과언이 아닐 겁니다. 현대 사회의 구성원이 자기 자리에서 제대로 책무를 다하며, 다른 사람에게 피해 주지 않고 사회를 안전하게 구축하는 것만으로 모든 일이 잘 풀릴 거라는 믿음 말이지요. 그리고 이러한 구조에는 사회 기득권의 도덕적 책무와 노블레스 오블리주를 기반으로 사회 기여를 바라는 혁명적인 사고관이 전제되어 있다고 볼 수도 있겠습니다.

완전히 반대되는 의견도 있습니다. 이를테면 악녀나 망나니를 바탕으로 한 빙의물 웹소설이 오히려 계급의식을 고착화하고 계급 격차나 자본에 의한 신분의 위력을 보편적으로 재생산한다는 비평입니다. 저는 이런 문제의식에도 동의합니다. 앞서 말했듯 빙의는 기본적으로 우리 사회에 은폐된 불균형을 바탕으로 생긴 형식이기 때문입니다. 기본적으로 서사란 하나의 상태에서 다른 상태로 끊임없이 변화하는 연쇄를 뜻하는 만큼, 변화하지 않고 그저 확장되거나 미끄러지기만 하는 이야기는 소설이 되기 어렵지요. 그렇다 보니 웹소설의 계급이나 지위의 격차는 현실보다 훨씬 과잉되어 있는 경우가 많습니다. 하지만 이러한 재현은 사회에 만연해 있으나 좀처럼 자각하지 못했던 계급의식과 자본의 격차를

또렷이 체감시키는 기능을 하기도 합니다.

문예비평 이론에서 '환상'은 현실에 존재하지만 말할 수 없고 볼 수 없는 것들을 이야기하며 세상을 전복시키는 원동력이라고 정의합니다. 이러한 방법을 살펴보면 빙의란 태생적으로 혁명을 노래하는 것일지도 모릅니다. 이러한 혁명의 가능성이, 계급을 고착하고 재생산한다며 자조적이고 비판적인 상태에 머무는 것보다 훨씬 더 많은 담론을 이끌어내는 동력이 되리라 믿고요.

하지만 회귀나 빙의와 같은 초월적 현상을 이용해 사회를 기계적으로나마 회복시키려는 욕망을 판타지로 구조화하는 현대 사회의 현실에 씁쓸한 마음이 드는 건 어쩔 수 없습니다. 바로 이 씁쓸함이 이 세계를 버리고 다른 세계로 넘어가서 모든 것을 새롭게 시작하고 싶은 욕망, '환생'을 만들어 냅니다.

3) 환생

환생은 굳이 웹소설 장르가 아니더라도 우리나라 사람들에게 굉장히 익숙한 개념일 겁니다. 불교의 윤회론을 바탕으로 한 환생은 한 사람이 생을 마치면 육신과 영혼이 분리되는데, 이때 영혼이 새로운 육신을 갖고 태어나는 것을 뜻하지요. 전생의 업보에 따라서 인간이 아닌 짐승으로 다시 태어나기도 하고, 반대로 전생에서 선업을 쌓으면 인간으로 환생하다가 마침내 윤회의 굴레에서 벗어날 수 있다고 합니다.

회귀, 빙의, 환생, 이 세 가지 코드 중에서 환생은 대여점 시장에서부터 지금의 웹소설 시장까지 가장 오랫동안 사랑받은 코드라 해도 과언이 아닙니다. 물론 환생을 비롯해서 회귀, 빙의가 인기를 끈다는 사실은 현실이 그리 긍정적이지는 않다는 걸 의미하지만요. 여기서 환생이라는 코드를 제대로 읽으려면 '회빙환'의 구조를 육체와 영혼 그리고 세계라는 테마를 통해서 이해할 필요가 있습니다.

회귀, 빙의, 환생이 일어나는 순간, 그 중심에는 '영혼'이 존재합니다. 이전 생의 기억을 간직한 영혼은 기존의 상처 입고 비루한 신체를 벗어나 새로운 신체로 이양되지요. 회귀는 늙고 병들며 실패가 누적된 신체에서 무한한 가능성을 가진 젊은 신체로 이동하여 지금의 세계를 고쳐 나가는 것입니다. 빙의는 늘 괴롭힘당하고 나약한 주인공이 괴롭힘을 자행하고 신체 능력을 낭비하던 누군가의 신체로 넘어가죠. 이때 세계는 일반적인 세계일 수도 있지만 대부분 소설이나 게임처럼 누군가 지켜보고 즐거워하는 가상의 허구 공간이기도 합니다. 한편 환생은 원래의 평범한 신체를 버리고 완전히 새로운 몸으로 탄생하는 것이며, 이 과정에서 기존에 살던 세계 역시 주인공의 과거 몸과 함께 버려지는 경우가 많습니다.

세 가지 구조는 보편적으로 현 세계와 현 세계를 살아가는 주인공 '나'에 대한 비애감을 기반으로 합니다. 세상은 잘못되어 있지만, 무엇보다 잘못된 것은 이런 세상 속에서 제대로 적응하지 못하는 자신이라는 인식, 그리고 그 모든 것으로부터 벗어나고 싶은 욕망. '회빙환'의 욕망은 이러한 구조를 은연중에 보여 주는 셈 입니다.

한국 판타지소설의 역사는 IMF 외환 위기를 비롯

한 경제 위기와 궤를 함께합니다. 당시 판타지소설을 창작하는 작가들의 나이는 10대에서 20대 전후로 비교적 어린 편이었고, 이들이 갑작스럽게 닥친 경제 위기에 저항할 방법은 마땅찮았을 겁니다. 특히 당시 문학계에서 판타지소설을 비롯한 장르문학에 대한 인식이 처참하다 보니 그들에게 판타지라는 공간은 애증 그 자체였겠지요. 판타지소설을 읽으며 현실을 버티지만, 다시 현실로 돌아오면 '판타지소설을 읽는 나'라는 비루한 존재와 마주했고, 이를 극복하려면 '비루한 나'가 아니라 '뛰어난 나'라는 존재로 변모해야 했습니다.

이러한 경향이 녹아든 장르가 바로 '퓨전 판타지'입니다. 현실 세계에서 가정 불화, 신체 결손, 왕따, 경제적 위기 등을 겪는 비루한 내가 가상의 시공간으로 넘어가 그 세계에서 모험을 통해 강력한 주인공으로 우뚝 서는 것을 보여 주는 장르로 1999년을 전후해 국내에서 유행하기 시작했습니다.

물론 이때의 퓨전 판타지를 단순히 환생이라 정의하기는 무리가 있습니다. 당시 소설에서는 지금의 신체가 있는 그대로 긍정되는 '전이'가 일어나거나 새로운 신체로 탄생하는 것이 아니라 신적인 존재가 만들어 준 신체 속으로 영혼이 '이식'되는 경우도 있었거든요. 마법으로 구현된 일종의 사이보그와 같은 존재가 된다고 할 수 있을 겁니다. 이러한 형식들이 꾸준히 논의되고, 웹소설에서 다양한 방식으로 구현되는 과정에서 마침내 지금의 '환생물'이라는 장르가 생겨났습니다.

사실 환생은 회귀나 빙의와 비교해 서사에 대한 기대감이 약할 수밖에 없습니다. 그도 그럴 것이 회귀는 미래를 알고 있는 예언가가 앞으로 닥칠 고난과 위기를 극복하는 서사를 전개하고, 빙의물 역시 가상의 콘텐츠를 소비한 독자가 이미 알고 있는 콘텐츠 세계의 법칙, 문법 등을 숙지하여 미래의 성공을 쟁취하는 주체적인 서사거든요. 그러나 환생의 주인공에게는 미래의 정보가 없습니다. 과거에 삶을 한 차례 경험한 것이 전부죠.

바로 이 지점에서 환생은 흥미로운 차이점을 보여줍니다. 회빙환의 욕망은 '나에 대한 비애감'을 바탕으로 원래의 신체와 세계를 버린 뒤 새로운 세계로 나아가는 것이라고 설명했지요. 하지만 회귀, 빙의와 달리 환생에서는 주인공에게 미래를 대비하기 위한 초월적인 능력이 없는 대신 또 다른 초월적 요소가 개입하거나, 원래의 삶을 수정하고 자각한다는 각성의 순간이 개입합니다. 이를테면 환생한 주인공은 과거와 달리 게임 속 세계로 가 시스템 창을 각성하거나, 자신이 가진 지식 중 쓸모없는 지식을 활용할 수 있는 맞춤형 세계의 구조로 들어가지요. 게다가 이러한 문법이 심화되다 보면 강대한 힘을 가지고 있고 이전의 세계에서 하나도 아쉬울 게 없던 주인공이 병든 세계를 회복시키는 방향으로 이야기의 구조 자체가 바뀌기도 합니다. 이 경우 다시 돌아온 현대 사회는 도피처가 아니라 회복되어야 할 터전으로 전복됩니다. 이러한 형식을 가장 잘 보여 주는 작품이 네이버 시리즈에서 거대한 성공을 이끈 웹소설 『화산귀환』이죠.

어느덧 이야기가 환생이라는 코드를 둘러싼 독법이 아니라 이 코드의 가능성으로 넘어가는 것 같습니다. 다시 처음 주제로 돌아가면, 환생은 주인공이 이전의 삶에서 다음 삶으로 넘어갔다는 것이 핵심입니다. 즉 주인공이 한 차례 '죽음'을 겪었다는 걸 의미하지요. 이전 생은 완전히 끝나고, 다음 생을 시작한다는 것. 이는 소설이 한 사람의 삶, 그를 둘러싼 사회적 관계망이 한 차례 무너진 뒤 다시 시작된다는 뜻입니다.

사실 모든 콘텐츠에서 죽음은 가장 강력한 힘을 갖습니다. 소설에서 죽음이란 그 인물의 이야기가 더 이상 다음으로 이어지지 않는 사건이기 때문이죠. 세상은 조리와 부조리를 넘나들며 수많은 우연과 인과관계를 통해서 원인과 결과가 연속됩니다. 그러나 죽음은 원인이 있지만 결과가 없고, 결과 이후에 새로운 원인을 불러오지 못하는 단절의 상태입니다. 변화를 서사의 성공, 이어짐이라고 한다면, 죽음은 서사에서 영원한 탈락과 부재를 이야기하며 소설이나 영화, 게임에서 강력한 영향을 끼칠 수밖에 없습니다.

그런데 현실의 사람과 달리 소설 속 캐릭터는 이러한 인과를 얼마든지 이겨 낼 수 있습니다. 작가가 '저승'이라는 개념을 만들고 육신의 죽음 이후 영혼의 삶을 그리는 순간, 죽음은 서사를 단절시키는 것이 아니라 새로운 삶으로 이양하는 하나의 관문이나 과정에 불과하지요. 더군다나 환생은 이러한 영혼에게 새로운 육신과 새로운 사회망까지 갖춰 주는 기적인 동시에 서사나 장르 내부에서 주인공의 죽음이 갖는 무게감을 가볍게 만드는 조작입니다.

더 이상 죽음이 죽음으로서 작동하지 않고, 주인공의 위기나 고난이 직접적인 위협이 되지 않지요. 설령 주인공이 목적을 달성하지 못한 채 죽어도 다음 생이 예비되어 있으니 굳이 치열한 노력을 통해서 삶을 갈구할 이유가 없어집니다. 주인공이 겪는 건 그저 심리적 고난 그리고 활자로 제시되는 고통밖에 없습니다.

그런데 영원히 삶과 죽음을 반복하며 최종 목표를 향해 달려가는 주인공의 모습, 어딘가 익숙하지 않나요? 그렇습니다. 웹소설의 주인공은 자본이 투입되면 지칠 줄 모르고 엔딩을 향해 달려가는 '불사신', 즉 게임의 주인공을 닮았습니다. 독자들로부터 캐시 100원을 부여받으면 서사를 지속하기 위해서 부활하여 문제를 해결하는, 프롤로그에서 죽음조차 벗어나며 등장하는 불사신 같은 존재, 그것이 바로 환생물을 비롯한 웹소설의 주인공인 셈이지요.

환생물의 서사에는 단순히 환생이라는 기점 외에도 주인공에게 닥쳐올 여러 고난이 '퀘스트'로 변모되는 세계의 전환이 필요합니다. 고난과 퀘스트는 다릅니다. 고난은 주인공에게 닥친 역경이자 실패 가능성입니다. 그러나 퀘스트는 게임 속에서 플레이어가 이 임무를 클리어할 것을 예비하고 설계된 저항을 뜻합니다. 퀘스트는 보상의 체계 속에서 독자의 플레이 경험에 정당한 대가를 주기 위해서 계획되죠. 가령 게임 속 캐릭터는 몬스터를 잡아 몬스터가 소지하고 있는 데이터를 습득할 수 있습니다. 그러나 퀘스트가 해당 몬스터를 사냥하는 것 자체라면 주인공은 게임 속 사회에서 몬스터를 사냥한 행위에 대해서 보상을 받지요.

서사의 위기나 고행이 퀘스트로 바뀐다는 것은 큰 의미가 있습니다. 퀘스트는 임무에 대해 정당한 대가를 얻는 반면, 실패한다 해도 직접적인 패널티를 받지 않기 때문입니다. 단지 게임에 투여한 시간에 대해서 제대로 대가를 받지 못할 뿐이지요. 이때 독자들은 서사의 중심을 주인공이 겪는 삶의 위기가 아니라 보상의 체계 쪽으로 옮겨 갑니다. 주인공이 이 역경을 극복하느냐 마느냐의 위기가 아니라, 이 역경을 마침내 극복했을 때 어떤 보상을 얻느냐가 더 큰 관심사가 되는 거죠.

4) 게임

앞서 살펴보았듯 환생은 단순히 한 삶을 끝내고 다른 삶으로 넘어가는 것이 아닙니다. 미래의 지식을 알고 과거로 돌아오거나, 메타 지식을 갖고 콘텐츠 세계 속으로 들어가지도 않습니다. 주인공은 한 차례 죽은 뒤 새로운 신체로 다음 삶을 이어가죠. 세상은 선형적으로 나아갑니다. 새롭게 태어난 주인공을 가치 있게 만드는 건 주인공 그 자신의 모습보다는 다시 태어난 세계의 형식입니다. 명예롭고 강력한 가문의 구성원이 되거나, 자신을 사랑해 주는 가족을 만나고, 자신의 능력을 발휘할 수 있는 세계로 편입되죠. 이러한 세계를 대표하는 형식 중하나가 바로 '게임'입니다.

웹소설을 보다 보면 게임과 관련된 수많은 은유를 발견할 수 있습니다. 이를테면 F급부터 S급까지, 게임 속 캐릭터를 분류하는 레벨부터 RPG 게임의 한 장면처럼 허공에 뿅 나타나는 시스템 창 등이 게임에서 비롯된 은유들입니다.

저는 이렇게 게임으로 은유된 웹소설 세상을 '게임-

토피아'game-topia라는 이름으로 부르곤 합니다. 게임-토피아는 단순히 이상적인 게임의 세계를 이야기하는 용어가 아닙니다. 보다 정확하게 말하면 '게임으로 완벽해지는 세계'라 할 수 있죠.

웹소설의 세계가 게임으로 완벽해진다는 설명이 한번에 와 닿지 않을 겁니다. 그러니 웹소설이 아니라 다른 형식으로 예를 하나 들어 보겠습니다. 추리소설에서 등장하는 수많은 탐정들 가운데 독보적인 명성을 가진 캐릭터로 코난 도일이 창조한 '셜록 홈스'를 꼽을 수 있습니다. 그는 뛰어난 관찰력과 명석한 두뇌를 이용해 도무지 이해할 수 없는 범죄의 트릭을 척척 추론해 사건을 해결하지요. 하지만 이러한 사건 해결은 오로지 셜록 홈스만의 공로가 아닙니다. 추리소설이 성립되는 바탕에는 세상의 모든 구성 요소들이 논리적 인과 관계로 조리 있게 연결된 과학적 세계가 전제되어 있기 때문입니다. 이 세계에서 우연은 존재하지 않거나 또는 범인에게 불리한 방향으로만 존재합니다. 독자들이 원하는 건 사필귀정과 권선징악의 법칙에 따라 범인이 잡히는 결과이기 때문입니다.

즉 추리소설의 세계는 장르의 문법을 원하는 작가와 독자들에 의해서 편의적으로 구성된 조형물에 가깝습니다. '다잉 메시지'가 그 예라 할 수 있습니다. 피해자가 죽기 직전 남긴 최후의 신호이자 그들의 원통함을 달래기 위한 추리의 첫 관문이 바로 다잉 메시지지요. 그런데 이것이 그저 우연의 산물에 불과하고, 범인과는 아무 관련이 없다면 어떨까요? 소설의 첫 사건이 묻지마 살인이고 피해자와 범인은 아무런 관계도 없으며, 우발적으로 일어난 범행이기 때문에 범행 동기를 비롯해 일말의 단서조차 존재하지 않는다면요?

이런 불확실성과 우연 몇 가지만으로도 우리에게 익숙한 추리소설의 문법은 손쉽게 붕괴될 수 있습니다. 따라서 게임이라는 요소를 허구나 디지털 공간에서의 단순한 놀이로 바라보기보다는 웹소설 서사가 개연적으로 부족한 부분이 있고, 그러한 부분을 메꾸기 위해 게임적 요소를 차용했다고 이해하는 것이 적절합니다.

게임의 은유를 담은 세계는 다양한 방식으로 표현됩니다. 주인공의 성장을 보여 주려고 시스템 창을 차용하는 경우도 있고, 주인공이 구사하는 초인적 능력을 '스킬'이나 '어빌리티' 등의 게임의 스펙 개념으로 표현하기도 합니다. 아예 게임 세계 속 캐릭터에 빙의하거나 게임 세계가 현실을 침범하고 합쳐지는 경우도 쉽게 만날 수 있지요.

웹소설의 게임적 세계가 보여 주는 가장 큰 특징은 노력과 보상의 체계가 확실하다는 것입니다. 게임-토피아를 완벽하게 설계하는 전제로서 이 세계의 보상 체계가 '이미' 구축되어 있는 것이죠. 예를 들어 이 세계에 약한 몬스터부터 강력한 몬스터가 존재한다면 각 몬스터에게 부여된 퀘스트나 경험치 등도 함께 존재합니다. 몬스터를 잡는 주인공의 능력은 또한 수없이 분절되어 각 항목별로 계량할 수 있습니다.

우리나라 사회에서 게임은 더 이상 낯선 문화가 아닙니다. 웹소설을 읽으며 게임적인 요소를 낯설고 어렵게 받아들이는 경우 역시 거의 없지요. 다만 게임 시스템이 소설 속 현실 세계에서 구현된다는 사실과, 그 시스템을 주인공 혼자만 겪는 현상 자체만 본다면 낯설게 느낄 수 있습니다. 기존의 게임 소비자들은 주인공 홀로 게임 시스템 창을 통해 성장하는 싱글 게임의 세계가 아니라, 다 같이 모여서 공통의 질서 법칙을 따라 소통하며 즐기는 MMORPG, 대규모 롤플레잉 게임의 세계에 더 익숙하기 때문입니다. 결국 초보 웹소설 독자 중 왜 주인공 혼자만 이런 능력을 갖게 되는지, 조금 더 근원적으로 들어가 이러한 게임 시스템 능력은 왜 이 세계에 존재하는지 고민을 거듭하다 대답을 내리지 못한 채 읽기를 그만두는 경우가 있지요.

웹소설에서 게임 시스템이 개연성을 대신한 이유 역시 웹소설의 선사 시대인 대여점 장르문학 시절의 판타지에서 이해할 수 있습니다. 2003년에 출간되기 시작한 게임 판타지소설 장르에서 게임의 세계가 판타지의 이세계를 대신한 것이 계기였어요. 즉, 웹소설에서 구현된 게임 시스템은 절대적 개인이 아닌 판타지 장르의 팬덤이 공통으로 만든 양식인 셈입니다. 공통의 존재가 작품을 창작하고 소비하는 자장 속에서 생겨난 문법인 만큼, 게임 시스템은 그 존재만으로 개연성을 확보합니다.

여기서의 개연성은 일반적인 소설의 개연성과 다릅니다. 소설이라는 형식이 만들어 낸 '그럴듯함'이 아니라 동일한 문화를 살고 있는 구성원들이 공유하는 '그럴듯함'이기 때문이죠. 이 맥락에서 게임은 단순히 소설 속 요소나 문법이 아니라 핍진성을 만들어 내는 문화로서 존재하고, 작가와 독자에게는 소설의 창작자이자 독자인 동시에 게임을 즐기는 '플레이어'로서의 정체성이 부여됩니다.

저는 웹소설을 낯설게 느끼는 수강생들에게 특히 두 가지를 구체적으로 요구합니다. 첫 번째는 웹소설을 너무 세밀하게 읽으려 하지 말고 웹소설의 세계 속으로 접속하여 감각하라는 것이고, 두 번째는 혼자만 읽고 끝내지 말고 다른 독자들의 반응을 함께 읽으며 작가가 보내는 신호를 포착해 함께 노는 것입니다. 장르문학은 단순히 환상적인 요소를 사용한 문학이 아닙니다. 독자와 작가가 각자 대리만족할 수 있는 주인공을 중심에 두고 함께 즐기는 놀이의 문화입니다. 따라서 웹소설의 독자는 그저 소설을 읽는 사람이 아니라 실시간으로 게임을 따라가는 유저이자 플레이어인 셈입니다.

웹소설의 게임이라는 문법과 코드에 대해 본격적으로 떠들기 시작하면 한 장이 아니라 책 한 권에 가까운 분량으로 이야기할 수 있을 겁니다. 이 정도로 이야기를 매듭짓는 데는 한 가지 우려가 있기 때문입니다. 바로 게임이 과도하게 이상화될 수 있다는 점이죠.

앞서 등장한 게임-토피아라는 용어를 다시금 살펴봅시다. 세계가 있지만 이 세계는 불완전하고, 그 세계를 완전하게 만드는 요소로 게임이 개입합니다. 여기서 게임은 하나의 세계가 아니라 일종의 요소이고, 이 요소를 구현하기 위해서 작가와 독자는 소설이 아니라 게임을 매개로 소통합니다. 그러나 이렇게 변모되었다고 해서 웹소설의 세계 그 자체가 게임이 되는 것은 아닙니다. '게임적'이라는 것은 게임의 형상을 모방하고 그 형상이 파편적으로 구현되었다는 뜻일 뿐, 웹소설의 세계는 그 자체로 하나의 우주이며 소설적 세계라 할 수 있습니다.

디지털 세계는 현실 세계와 달리 필연적으로 풍화되고 열화됩니다. CCTV 화면만 떠올려 봐도 알 수 있습니다. 선명하고 부드러운 곡선으로 표현되는 것이 아니라, 각진 도트와 도트들이 연쇄되며, 굴곡되고 도출된 연쇄체가 디지털 세계를, 그 세계의 '그럴듯함'을 만들어 내지요. 즉 게임의 요소는 세계를 더욱 풍성하게 만드는 것이 아니라 오히려 열화가 당연한 구조 속에 다운그레이드시켜 강제로 세계의 해상도를 낮추고 '최적화'하는 셈입니다.

지금까지 살펴본 회귀, 빙의, 환생은 죽음이라는 형상을 비틀어 낸 뒤 병든 세계와 육신을 버리고 새로운 세계와 육신을 획득하는 정신의 이야기입니다. 게임은 병든 세계를 열화시키는 것이지요. 결국 웹소설의 환상이란 병들고 왜곡된 세계 그 자체를 전제한다고 볼 수 있습니다.

하지만 우리가 살아가는 세계는 맥없이 병들어 있기만 할까요? 이 세계를 긍정하고 그대로 나아갈 수는

없을까요? 이 세계를 지키기 위해 노력하고, 이 세계의
밝은 면을 보며 살아가는 사람들의 존재를 조명할 수 없
을까요? 뒤에서 이야기할 코드들이 바로 이 질문에 대
답할 수 있을 겁니다.

5) 천재

『천재 궁수의 스트리밍』, 『천재 아이돌의 연예계 공략법』, 『천재 영업사원이 되었다』…… 플랫폼에서 웹소설 제목을 살펴보면 '천재'라는 단어를 무척이나 자주 발견합니다. 웹소설을 유치하게 느껴지게끔 만드는 주범이 바로 이런 아마추어 같은 단어일 텐데, 사람들은 왜 이 코드에 열광할까요? 천재 주인공을 내세운 웹소설을 읽기 전에 웹소설에서 어떤 능력을 가진 존재를 천재라고 정의하는지 이해할 필요가 있습니다.

일상생활에서 천재란 보통 뛰어난 지능과 직관을 갖고 있는 사람을 뜻합니다. 남들은 풀 수 없는 문제를 풀고, 남들은 만들 수 없는 예술작품을 만들고, 남들은 보지 못하거나 이해하지 못하는 현상이나 개념을 포착하며 그것을 자신의 것으로 만들어 낼 수 있는 사람들이지요. 즉 눈앞에 닥친 어려운 상황을 쉬이 극복하거나, 탁월한 능력으로 상황을 이끄는 사람을 가리켜 천재라합니다.

천재는 이 세상에서 사람과 세계가 어떻게 관계 맺

고 있느냐를 증명하는 하나의 방식이기도 합니다. 예를 들어 공룡과 원시인들이 사는 선사 시대에서 컴퓨터공학이나 로봇공학 분야의 천재는 자신의 천재성을 입증할 방법이 없을 겁니다. 자신이 탁월한 영역에서는 천재성을 드러내지만, 그 밖으로 한 걸음만 나와도 어딘가 어설퍼지는 긱geek들의 이야기를 들어 봤다면 이해가 쉽죠. 이러한 천재의 특성 탓인지 천재로 추앙받는 사람의 유형은 시대를 거듭하며 늘 바뀌었고, 이러한 천재의 형상을 분석하면 동시대 사람들이 바라는 리더의 형상이 무엇인지를 포착할 수 있습니다.

웹소설에서 등장하는 천재라는 코드를 앞서 등장한 회귀, 빙의, 환생과 분리한 까닭이 있습니다. 천재는 캐릭터가 홀로 존재할 수 없으며, 그 천재성을 입증할 수 있는 세계에서 이미 평가 지표가 갖춰진 업무를 훌륭하게 수행하는 것으로 평가받으며 비로소 탄생하는 개념이기 때문입니다. 그리고 이러한 평가가 가능하려면 세계의 기준이 주인공의 수행 여부와 상관없이 공고해야 합니다. 기준이 없는 곳에선 어떠한 평가도 불가능하기 때문이지요. 이는 기존의 삶과 세계를 모두 벗어던지고 규칙 바깥에서 예상 밖의 능력을 보이는 다른 웹소설 구조와 확연한 차이를 보입니다. 천재는 세상을 무너뜨

리지 않으며, 그 세계 속에서 최대치로 노력하여 세계의 구조를 더욱 공고하게 만듭니다.

따라서 천재 캐릭터는 더없이 웹소설답다고 할 수 있습니다. 타인과 동일하거나 더 적게 노력해도 많은 보상을 얻으며 사회의 인정을 받는 존재인 만큼, 보상이라는 체계를 통해 독자들에게 대리만족을 전달하는 서사인 웹소설을 인물화한 것과 다름없지요. 천재가 등장하는 웹소설을 읽는다면 독자는 주인공이 세계의 한계나 서사의 틀을 벗어나는 괴상함과 비범함을 보여 주기보다는 세계의 구조 속에서 그들이 부여받은 임무를 얼마나 효율적이고 탐욕스럽게 해결할 수 있는지를 중심으로 읽는 것이 옳습니다.

특히 주인공이 천재라는 명칭으로 자주 호명되는 건 주요 배경이 연예계나 예술계 등 예체능 분야인 경우가 많습니다. 천재 배우, 천재 가수, 천재 작곡가나 천재 프로듀서처럼 말이지요. 그들의 능력은 예체능 판이나 연예계 판을 뒤엎지 않습니다. 오히려 예술적 재능과 영감이 잘 갖춰진 사람이 예술계에서 성공해 큰돈을 벌 수 있다는 고전 낭만주의적 환상에 적극적으로 순응하는 동력이 되지요.

결국 웹소설에서 말하는 천재란 '스타'의 은유가 아

닐까 생각할 때가 있습니다. 방송문화진흥회가 펴낸 『방송대사전』에 따르면 스타는 '흔히 우상 숭배와 유사한 방식으로 숭배의 대상이 되는 특정 개인의 가공적인 인물상과 그 인물상을 구현하는 것으로 간주하는 인물'을 뜻합니다. 좀 더 쉽게 말하자면 스타는 재능 있는 개인이 자신의 능력을 얼마나 잘 표현하는가를 바탕으로 결정되는 것이 아니라, 이미 대중에게 '특정한 인물상'에 대한 요구가 존재하고 그 요구를 얼마나 잘 재현하는지가 중요하다는 뜻입니다. 요컨대 노래를 잘 부른다고 해서 스타 가수가 아니라, 스타 가수가 갖춰야 하는 요구 조건이 먼저 존재하고, 이 조건을 잘 재현한 인물이 스타가 되는 겁니다.

천재가 스타와 맞물릴 수 있는 까닭은 스타의 개념이 '스타 시스템'을 체계화하여 엔터테인먼트 산업의 흥행 보증수표로 내세우기 위해 만들어졌기 때문입니다. 1900년대 미국 할리우드 영화 산업 초기부터 약 반세기 동안 영화배우들이 스타라는 형식을 대표했고 이후 오늘날에는 가수, 연기자, 예능인, MC, 영화감독, 연출자까지 스타의 범위가 대중문화 전반으로 확대되었습니다. 스타를 만들어 내는 시스템이 방송 연예계 전반에 보편적으로 퍼졌기 때문에 가능한 일이죠.

앞에서 쭉 살펴본 웹소설의 코드들에는 공통점이 있습니다. 장르의 코드는 단순히 환상적 상황이나 사건, 인물의 존재를 뜻하지 않습니다. 장르는 세계가 어떻게 구성되어 있고 인물이 어떻게 관계를 맺는지에 따라서 성립될 수 있습니다. 따라서 웹소설 읽기는 작품 속에서 구현된 인물과 세계가 어떤 문법으로 갖춰져 있고, 어떤 질서를 추구하는지를 찾아내는 과정인 셈이지요.

때때로 웹소설의 세계는 뚜렷한 환상이 없음에도 불구하고 독자들에게 환상적으로 감각되기도 합니다. 사랑으로 모든 것이 가능해지는 로맨스 장르가 가장 대표적인 사례입니다.

6) 사랑

소설 창작 강의를 하면서 사람들이 저마다 다양한 이야기를 품고 있다는 걸 자주 깨닫습니다. 나이 많은 어르신들이 오랫동안 가슴 깊숙이 품어 온 지난 사랑 이야기를 들어 보면 얼마나 절절한지요.

그 모든 이야기를 로맨스 웹소설로 만들면 되지 않겠느냐고요? 안타깝게도 그 인생 이야기가 로맨스 웹소설이 될 수는 없습니다. 이는 그저 '로맨스'를 장르가 아닌 소재로 바라봤기에 가능한 생각입니다. 모든 사랑은 낭만적인 소재일 수 있으나 로맨스라는 장르가 될 수는 없습니다.

수많은 사람이 로맨스 장르를 정의했습니다만, 그중 저는 미국 로맨스소설 작가 리 마이클스의 "로맨스는 성장하는 사랑을 다룬다"는 정의를 가장 좋아합니다. 여기서 성장에는 두 가지 의미가 있습니다.

첫 번째는 사랑의 성장입니다. 로맨스는 이미 완성된 사랑의 이야기가 아니라 사랑이 존재하지 않는 시점부터 사랑을 키워 가며 마침내 사랑이 완성되는 과정을 다릅니다. 그러니까 이미 사랑하는 두 연인이 권태기를 이겨 내고 프로포즈 후 결혼에 골인하는 이야기는 웹소설 로맨스 장르에 속하지 않는다는 소리지요. 서로 모르거나 싫어하던 두 사람이 서로 감정을 주고받고 뒤섞여 마침내 사랑의 완성으로 나아가는 과정, 그것이 바로 로맨스 장르의 축이 됩니다.

로맨스 장르가 성립하기 위한 두 번째 정의는 사람의 성장입니다. 앞서 다른 코드들이 그렇듯 로맨스는 사람이 변화하는 과정의 이야기를 다룹니다. 이때의 변화는 일상을 살아가는 사람들이 사랑에 빠지는 감정적 변화를 이야기하지 않습니다. 로맨스 장르의 인물들은 일견 완벽해 보이지만 자세히 들여다보면 자신의 세계에 제대로 착륙하지 못한 채 부유하는 불완전한 존재입니다. 자본주의 사회에서 경제력이 없거나 타인과 교류하는 사회적 능력이 부족한 것과 같이 뚜렷한 결핍이 존재하지요.

이러한 결핍이 해결되는 계기는 타인의 존재로부터 비롯됩니다. 일반적인 로맨스에선 이성인 상대 주인공과의 관계가, BL에서는 다른 남자 주인공, GL에서는 다른 여자 주인공의 존재가 주인공의 결핍을 해결해 줍니다. 로맨스 장르를 풀어 설명하면 불완전하고 불안정한 이들이 서로의 존재를 자각하고 감정적으로 교류하며 성장하는 서사라 할 수 있습니다.

로맨스 장르를 제대로 읽으려면 작중 인물이 사랑을 통해 성장하는 시스템에 주목해야 합니다. 로맨스는 인물들이 감정적 교류를 통해 가정을 일구고 정서적 안정을 취하는 '낭만적 사랑'의 구조 속에서 성장한 장르입니다. 낭만적 사랑은 근대 산업화 이후 공적 공간과 사적 공간이 분리되면서 만들어졌는데, 공적 공간은 공장단지로 대표되는 이성과 자본의 공간이었습니다. 이때 이성과 감성은 서로 대립하는 사이가 아니었습니다. 지속적인 노동을 위해선 안정과 회복이 무엇보다 중요하고, 그 구조의 축에는 감성이 자리했지요. 이러한 구조 속에서 사랑은 사람과 세상이 앞으로 나아갈 수 있도록 만드는 힘이었습니다.

그렇기에 로맨스 장르에서 사랑은 인물의 감정이 서로 연루되는 것 이상을 의미합니다. 서로가 서로에게 변화의 가능성이 되기 위해서, 서로는 서로의 세계를 깨트리는 타자가 되어야 합니다. 두 인물은 지위, 환경, 성격, 가치관 등 많은 면에서 다른 존재이고, 그렇기 때문에 서로에게 갑작스럽게 연루됩니다. 그것은 신체적인 이끌림, 감정적인 이끌림일 수도 있으며, 사회적이거나 본능적인 이끌림일 수도 있습니다. 결국 로맨스의 사랑은 주인공이 휘두르는 무기인 동시에 주인공이 받는 보상이자 동력이기도 한 셈이죠.

로맨스를 보다 깊숙하게 이해하려면 한 가지 질문이 필요합니다. 사람들은 왜 로맨스를 읽을까요? 여기서 더 나아가 왜 로맨스 장르 웹소설을 읽을까요? 이 질문의 대답을 찾기 위해서 근대의 가정비극과 연애담의 계보를 한 차례 살펴보겠습니다.

일제강점기, 일본은 전쟁의 정당성과 식민지배의 정당성을 선전하기 위해 경성방송국을 만들어 라디오 방송을 시작합니다. 그러나 당시 조선 사람들 사이에서 인기 있는 것은 가정비극을 다룬 무대극 실황 중계였습니다. 그도 그럴 것이 당시 조선은 위안부와 강제 징용 등 다양한 비극을 실시간으로 겪는 주체였고, 이러한 라디오 실황극에서 재현된 가정의 이야기는 그들이 몰입해 울분을 터뜨릴 수 있는 가장 큰 오락거리이기 때문이었죠. 오죽하면 라디오 실황극이 방송되는 시간엔 라디오가 있는 전파상으로 사람들이 몰려들어 거리가 한산하고 조용해졌다는 기록까지 있을 정도니까요.

해방 이후, 미군정 역시 라디오를 일본과 같이 공보 매체로 사용하려 했지만 일제강점기부터 오락물로 라디오를 사용한 청취자들과 충돌했습니다. 1946년 미군정은 대폭적인 개편을 통해 라디오 연속극을 신설했고, 1956년 『청실홍실』이라는 라디오 드라마가 공전의 인기를 얻습니다. 한국 드라마 최초로 삼각관계를 다룬 이 드라마는 이후 인기에 힘입어 영화, TV 드라마까지 만들어졌지요.

영상 매체를 중심으로 한 연애오락물 시장에 종이책이 들어온 건 1980년 무렵입니다. 일본에서 수입한 캐나다의 할리퀸 문고판을 중역해 해적판 '삼중당 하이틴 로맨스' 시리즈를 출간했는데 이것이 중고등학교 여성 독자들에게 폭발적인 인기를 구가했거든요. 서구의 개방적인 연애관과 환상적인 남녀들의 관계에 독자들은 푹 빠졌습니다.

흥미롭게도 1980년대는 통금 정책이 풀리고 3S Screen, Sex, Sports 지원에 힘입어 호스티스 영화와 에로티카의 열풍이 부는 시기였습니다. 이때 영화들은 여성의 욕망과 신체를 긍정하고 개방하는 듯했지만, 결과적으로 가부장적이고 남성중심적인 사고관으로 여성의 욕망을 억압하고 죄악시하는 경우가 많았습니다. 할리퀸은 그러한 가부장적 사고관에서 벗어나 자유로운 사랑의 관념을 전달했고, 여성 독자들에게 보다 안전하고 진취적인 사랑 이야기를 보여 주었죠.

이후 1990년대 들어 우리나라에서도 로맨스소설 현상 공모전이 열리며 본격적인 창작 로맨스 시장이 열립니다. 이러한 로맨스 시장의 기반에 힘입어 2000년대, 앞서 이야기한 귀여니 작가로 대표되는 '인소' 열풍이 불기 시작합니다. 그전까지 오로지 성인 여성들의 욕망과 신체를 다루던 로맨스는 전 연령으로 범위를 넓히고 그들이 살아가는 시대와 사랑의 이야기를 다루는 방식으로 변화해 갑니다.

우리나라 로맨스의 역사를 살피다 보면 독특한 지점을 하나 알아챌 수 있습니다. 앞서 로맨스에서 다루는 낭만적 사랑은 공적 영역과 사적 영역이 분리된 사회에서 사적인 감정과 회복의 기능에 집중한 서사라고 이야기했지요. 그런데 로맨스소설은 단순히 공적 영역과 사적 영역을 분리하는 데서 그치지 않고, 공적 영역에서 얻은 상처와 불안정, 균열을 사적 영역의 감정으로 회복하는 텍스트였습니다. 일제강점기의 상처와 아픔을 끌어안는 라디오 실황극, 광복과 전쟁으로 인한 아픔을 보듬어 주는 가정비극 드라마 그리고 가부장적 사회와 여성 욕망에 대한 억압을 탈피하는 할리퀸 로맨스에, 2000년대 경제 위기 속에서 학생이라는 본분이 만든 틀에 저항하고 온라인 공간에서 자신들의 목소리와 언어, 욕망을 충실하게 재현한 인터넷소설까지. 로맨스의 사랑은 단순히 소설 속 인물만 성장하는 것이 아니라 로맨스를 창작하고 소비하는 시장의 구성원들까지 사회에 저항하고 버텨 나가는 힘을 의미했습니다.

다시 소설 창작 강의에서 만났던 수강생들의 이야기로 돌아가 볼까요. 각자 마음속에 품고 있는 사랑 이야기가 있지만, 여기서 사랑은 저항이나 회복, 용기의 의미보다 아름답게 미화된 노스탤지어, 향수에 더 가까울 겁니다. 이러한 감정이 틀렸다는 말은 아닙니다. 다만 웹소설의 사랑은 그것과 분명 다른 형태를 띠고 있습니다. 조금 더 다양한 방식으로 세상에 반하는 형태로 나아가기 때문이죠.

웹소설에서 로맨스 장르는 다양하게 분화합니다. 학교나 직장 등을 배경으로 현대인의 사랑을 다루는 현대 로맨스, 중세 유럽의 공간에서 살아남는 로맨스 판타지, 남성 간의 사랑을 다루는 BL, 여성 간의 사랑을 다루는 GL까지. 거기에 단순히 이성 간의 사랑이 아니라 가족애를 다루는 육아물 등 하위범주까지 살피면 그 갈래는 무궁무진합니다.

웹소설에서 사랑을 발견한다면, 단순히 캐릭터가

주고받는 감정적 교류에만 집중하기보다 주인공이 이 사랑을 통해 어떤 세계를 이겨 나가고 있는지 살펴보기를 권합니다. 그 투쟁과 성장에 집중할 때 비로소 웹소설에서 이야기하는 사랑에 한 걸음 더 다가갈 수 있을 테니까요.

7) 아포칼립스

종말 후 세계를 다루는 작품을 좋아하나요? '아포칼립스'는 포스트 아포칼립스post-apocalypse의 준말로 핵전쟁 이후 종말에 이른 세계를 일컫는 단어입니다. 웹소설에서 가장 많이 사용되는 세계관 중 하나이기도 하지요. 실제로 아포칼립스라는 단어 대신 종말이라는 단어가 들어간 제목도 자주 볼 수 있고요. 작품 정보에 제공되는 해시태그에서도 아포칼립스를 종종 찾아볼 수 있습니다.

여기서 이런 의문이 생길지도 모릅니다. 왜 웹소설은 모든 것이 이상적인 유토피아적인 세계 또는 사이버펑크적으로 발전된 근미래 세계가 아니라 모든 것이 폐허가 된 세계를 상상하고 그려 내는 데 열광하는 걸까요? 단순히 이런 세계가 주인공의 활약을 보여 주기 쉽기 때문일까요?

사실 폐허를 상상하며 종말 후의 세계를 이야기하는 건 웹소설만의 특징은 아닙니다. 국내외 주류 문학에서도 종말에 대한 상상과 폐허의 이미지는 끊임없이 재생산되고 있지요. 수많은 종이책 소설과 시에서 멸망한 세계를 그리고, 영화, 웹툰, 드라마에서도 마찬가지니 어쩌면 지금의 시대 정신은 '종말'일지도 모르겠습니다. 이러한 종말의 이미지를 이해하려면 먼저 어떻게 환상이 새로운 세계를 구축하는지 그 과정을 이해할 필요가 있습니다.

문학이론에서 환상이란 개인 또는 특정 집단의 정신적인 것으로 이야기되는 경우가 많습니다. 카프카의 『변신』은 환상 문학의 좋은 예입니다. 기술이 발달하고 새로운 교통수단이 발명되며 인류의 감각과 지각이 갑작스럽게 확장되던 시기이자 종교의 힘은 축소되고 공사의 영역이 분리되며 모든 것들이 혼란한 때. 이때 나는 과연 이전의 세계처럼 인간인지, 아니면 방대한 세계 속 한 마리 벌레에 지나지 않는지에 대한 개인의 혼란과 망설임이 이 작품의 주제의식입니다.

환상문학 이론을 정립한 불가리아 학자 츠베탕 토도로프는 이러한 '망설임이 곧 환상'이라고 이야기합니다. 토도로프의 이 이론을 받아들여 발전시킨 사람은 학자 로즈메리 잭슨입니다. 로즈메리 잭슨은 이러한 환상이 작품 속에서 나타나는 까닭은 현실에 문제가 분명 존재하지만 그것이 무엇인지 정의할 수 없고 눈으로 볼 수 없기 때문에 현실에 존재하지 않는 왜곡된 현상으로 소설에서 재현된다고 설명했습니다. 또한 이러한 환상이 현실의 문제를 전복할 수 있는 힘을 준다고 이야기했지요.

웹소설에서 주로 이야기하는 판타지 장르는 환상이 개별적인 현상에 그치지 않고 나아가 이 세상의 법칙이나 질서와는 구별되는, 독자적인 질서가 된 세계에서 펼쳐지는 모험 서사와 그 작품군을 일컫는 명칭입니다. 여기서 개별적 현상이 세상의 질서로 바뀌는 것이 판타지의 특징이라는 점에 주목해야 합니다. 포스트 아포칼립스는 사방의 모든 것들이 폐허가 된 환경에서 늘 죽음의 위협과 맞서 싸워야 하며 생존을 고민하는 상황을 이야기합니다. 이는 곧 포스트 아포칼립스라는 '세계'가 만들어지기 전 아직 이름이 없고 보이지 않는 현실 세계의 정체는 우리 마음속을 휘감고 있는 공통적인 불안감임을 의미합니다.

실제로 포스트 아포칼립스, 핵전쟁 이후 세계에 대한 묘사는 냉전 체제 하에서 핵전쟁이 언제 일어날지 모른다는 불안감 때문에 생겨났습니다. 우리가 잘 알고 있는 좀비가 그 연원을 찾아 들어가면 흑인들의 부두교 주술, 즉 샤머니즘에서 연원한 것이었으나 생화학 병기에 대한 공포감이 '바이러스 감염'이라는 형태로 진화한 것과 마찬가지죠.

아포칼립스가 핵전쟁에 대한 공포로 인해 만들어진 장르라면, 아포칼립스나 종말을 다루는 소설은 현실의 작가나 독자가 핵전쟁에 대한 과도한 공포감과 원전에 대한 두려움을 느끼기 때문에 만들어진 걸까요? 그렇지 않습니다. 환상은 현실 그대로의 모습이 아니라 그것을 왜곡해서 다른 방식으로 보여 주는 것이기 때문입니다. 우리가 일상생활에서 느끼는 두려움이나 공포, 또는 사회의 질서나 권력, 법칙 등이 너무 견고하게 세워져 있는 것에 대한 거부감이 폐허가 된 미래의 모습, 즉 웹소설 장르에서 자주 사용되는 '아포칼립스'라는 형식으로 과장, 왜곡된 것으로 보아야 합니다.

아포칼립스 웹소설에서 세계가 멸망했다는 사실보다 더 주목해야 하는 것은 그 세계에서 주인공이 하는 역할입니다. 즉 '이 세계에서 주인공은 멸망한 세계를 되살릴 힘이 있는가?', '그 힘은 어떤 능력을 상징하는가?' 같은 질문이 필요하죠. 예를 들어 식물이 멸종한 세계에서 초능력으로 농작물을 재배할 수 있는 주인공의 알레고리에는 기후 변화에 대한 문제의식이나 환경 보호 같은 메시지가 담겨 있다고 볼 수 있을 거예요.

그런데 아포칼립스 배경은 의외로 로맨스에도 굉장히 잘 어울립니다. 예를 하나 들어 보죠. 어린 소녀가 위협이 가득한 세계에 두려움을 느끼고, 그로부터 자신을 지켜 줄 수 있는 든든한 가족을 만나 완전한 '나'로서 세상에 오롯이 서는 과정을 그린 플롯이 있습니다. 로맨스 판타지의 하위 장르인 육아물에서 주로 엿볼 수 있는 서사 구조입니다. 이때 주인공이 바라보는 세계는 그야말로 멸망의 은유나 다름없습니다. 사람들의 인성은 내면 깊이 파탄이 나 있고, 외부에서는 끊임없이 사건 사고가 이어지지요. 주인공은 회귀, 빙의, 환생 등을 통해서 화려한 귀족의 삶을 즐기는 것처럼 보이지만 실상은 비틀린 아포칼립스 속에서 생존을 위해 있는 힘껏 발버둥치는 것입니다.

결국 아포칼립스는 멸망한 세계의 폐허 위에서 주인공이 무엇을 하느냐에 더 집중하게 만드는 하나의 장치이자 은유입니다. 그리고 이 세계 속에서 주인공이 보여 주는 마법적인 초능력은 아포칼립스 세계를 지탱하는 또 다른 축이 됩니다.

8) 초능력/마법

웹소설의 주인공에게는 크든 작든 초능력이 있습니다. 웹소설을 재미있게 읽고 싶다면 이런 특별한 능력을 찾아내기 위해서 눈을 반짝여야 합니다. 지금까지 이야기한 모든 코드들 중에서 초능력과 마법은 웹소설의 세계를 관통하는 법칙이자 질서이며, 웹소설의 이야기가 마침내 엔딩까지 도달하게 만드는 가장 중요한 핵심 포인트이기 때문입니다.

환상이 하나의 세계가 되는 까닭은 개별적인 환상들을 하나의 줄기로 엮어 내는 기준과 질서 덕분입니다. 이를테면 용감한 기사들이 등장하는 옛날 이야기에는 필연적으로 사악한 용이 등장합니다. 사악한 용이 존재할 수 있는 건 세상을 선과 악의 이분법으로 나누는 절대적인 기준 때문이죠. 이런 절대적 법칙은 대부분 신과 신앙의 존재에서 비롯됩니다. 즉 단순히 용이 존재할 뿐이라면 환상에 불과하지만, 사악한 용이 공주를 납치하고, 용을 퇴치하기 위해 신의 부름을 받아 맹렬히 맞서싸우는 기사의 이야기는 신앙이라는 체계와 질서 안에서 완성됩니다.

앞서 현실의 고통과 아픔, 산재한 문제들이 왜곡된 환상의 형태로 문학에서 나타난다고 했습니다. 이러한 현상들을 하나로 꿰는 것이 일종의 종말적 세계, 아포 칼립스이고, 이 세계는 대부분 주인공인 프로타고니스트 protagonist의 욕망을 가로막는 안타고니스트 antagonist의 역할을 합니다. 결국 안타고니스트와 프로타고니스트의 형상과 능력 또한 세계관에 따라 조형되는 셈이지요.

주인공은 종말의 세계 또는 종말로 은유된 세계를 극복하기 위해서 자신만의 능력을 펼칩니다. 그리고 이 능력은 해당 세계의 상식으로 설명할 수 없는 능력으로 묘사되곤 하지요. 회귀, 빙의, 환생, 게임, 천재, 심지어 사랑까지, 이들을 둘러싼 모든 신체적, 정신적인 사건들은 기적에 가까운 방식으로 결과를 가져옵니다. 서사의 엔딩을 위해 필연적으로 좋은 결과를 물고 오는 사건의 연쇄 작용. 이것이 바로 소설에서 구현되는 초능력인 셈입니다.

제가 좋아하는 작품 중 『요리의 신』이라는 웹소설이 있습니다. 웹소설을 한 번도 읽어 본 적 없는 분들에게 처음 입문해 스마트폰으로 읽기 좋은 소설로 추천하는 작품이기도 하죠. 주인공 조민준은 과거로 회귀하는 동시에 요리와 관련된 능력치가 표시되는 게임 시스템 창을 보는 눈을 얻습니다. 앞서 게임 코드를 설명하며 게임 시스템은 고정되고 불완전한 세계에 균열을 내기 위해 게임적인 세계를 현현시킨다고 말했는데, 여기서는 게임 시스템 자체가 아니라 그 시스템으로 구현되는 요소를 조금 더 살펴보겠습니다.

조민준에게 생긴 요리 시스템 창은 몇 가지 레벨을 제시합니다. '미식 레벨', '조리 레벨', '장식 레벨', '제빵 레벨'입니다. 웹소설이 특정한 영역에서 성장하는 주인공의 이야기를 다룬다는 점 그리고 게임 시스템이 주인공이 회귀하는 순간 성장할 수밖에 없는 세계를 만들어낸다는 점을 생각하면 이 네 가지 레벨은 무척 의미심장합니다. 적어도 작가는 '이 세계에서 요리를 아주 잘해서 신적인 존재로 추앙받기 위한 사람'의 조건으로 미식, 조리, 장식, 제빵, 이 네 가지에 탁월해야 한다고 제시한 셈이니까요.

이러한 형식은 다른 소설에서도 쉽게 볼 수 있습니다.『믿고 보는 봉감독님』에서는 좋은 영화를 만드는 조건으로 '연출력', '연기력', '기술력', '각본력'이라는 능력 조건을 제시합니다. 감독은 연출력, 배우는 연기력, 촬

영이나 소품을 담당하는 다양한 제작자들은 기술력, 각본가는 각본력이 뛰어날수록 능력이 빛을 발합니다. 그리고 이러한 능력치가 모두 뛰어난 사람들이 만날 때, 가히 대작이라고 칭할 궁극의 영화가 탄생합니다.

웹소설의 설정에서 주인공의 등급이 F인지 S인지, 능력치가 얼마나 되는지 같은 절대적 수치가 중요한 것은 아닙니다. 고정적인 세계 속에서 어떤 능력이 있어야 주인공이 성장할 수 있다고 작가가 '선언'하는가, 바로 그 지점에 초점을 맞춰야 합니다.

바로 이러한 지점 때문에 웹소설의 초능력은 작가가 사회에 가하는 비판적 메시지이자 희망이기도 합니다. 판타지는 아직 우리의 삶에서 갖춰지지 않은 무언가, 즉 근미래의 형상이자 도래할 형상에 대한 욕망이기 때문이죠.

대학 강단이나 인문학 공간에서 웹소설을 가르치다 보면 간혹 웹소설에 대한 쓴소리를 듣기도 하는데요. '웹소설은 현대 자본주의 사회의 천박한 모습을 고스란히 복제하고 공고히하는 데만 열중한다'는 지적을 특히 자주 듣는 편입니다. 세계를 전복시켜 적폐를 청산하기보다 그 세계에서 막대한 부를 얻고 사치를 누리는 데만 집중하는 듯한 주인공들의 이기적이고 탐욕적이며 개인주의적인 성취 욕구가 마치 자기계발서에서 주장하는 구조와 다를 바 없다는 것이지요. 세계의 구조를 바꾸는 것이 아니라 독자의 현재 상태를 수정하고 계발해야 이 세계에 적응하고 성공할 수 있다는 논리라는 것인데, 이 지적이 완전히 틀렸다고 할 수는 없습니다. 하지만 한편으로는 웹소설의 세계와 인물들의 구조를 표면적으로만 독해한 결과에 불과합니다.

초능력을 통해서 주인공이 성공하는 구조만 본다면, 그 초능력이 어떻게, 왜 만들어졌는지를 간과하기 쉽습니다. 현실 세계의 질서와 법칙을 떠나야만 성공할 수 있는 고착화된 사회 현실을 비판하거나 한 개인의 힘으로는 불가능하지만 제도와 법적인 질서를 통해 안전망과 유동성이 구축되는 것만으로 유토피아적인 세계가 가능하리라는 웹소설 작가의 희망 같은 것들 말이지요.

그러니 웹소설 읽기를 시작하는 여러분이 웹소설의 의미를 조금 더 깊숙하게 이해하고 그 맥락을 즐길 수 있다면, 이 장르를 사랑할 준비가 되어 있다 해도 과언이 아닐 겁니다. 웹소설에 대한 편견과 저항에서 완전히 벗어날 때, 더욱 즐겁고 편안한 마음으로 웹소설을 소비할 수 있습니다.

이제 지금까지 이야기한 여덟 가지 코드를 기반으로, 웹소설에 접근하고 웹소설 읽기의 범위를 확장해 나갈 수 있는 간단한 노하우를 소개하겠습니다.

{ **8** }

제목을 통해 코드로 놀이하기

'소설의 3요소'와 '소설 구성의 3요소'를 기억하시나요? 중고등학교 국어 시간 수행평가에서 수많은 학생들을 괴롭히는 극악한 요소지요. 저는 웹소설과 소설을 뚜렷하게 변별하는 차이점을 설명할 때 이 개념을 함께 이야기하곤 합니다.

소설의 3요소는 주제, 구성, 문체입니다. 하지만 웹소설은 이 중 주제와 문체를 논하기 굉장히 어렵습니다. 우선 주제를 논하기 어려운 까닭은 독자가 주제를 목격하기까지 상당히 오랜 시간이 걸리기 때문입니다. 소설의 주제는 서사가 목적지에 도달하는 순간 비로소 형체가 드러납니다. 어떤 상태인 주인공이 다양한 사건을 겪으며 다른 상태로 변모하고, 그 변화 과정에서 주인공의 욕망이나 목적이 뚜렷해질 때 세계와 주인공의 관계를 바탕으로 주제가 완성되지요. 그리고 이러한 주제는 독자의 마음에 질문을 던지는 것으로 소임을 다합니다. 다만 독자가 웹소설에서 이러한 변화를 목격하려면 아주 긴 시간이 필요합니다.

가령 모두 200편의 소설이 매일 한 편씩 연재된다고 할 때, 독자는 200일에 걸쳐서 아주 느린 호흡으로 소설의 변화를 따라가야 합니다. 그리고 매 편에 100원의 가격이 매겨져 있어 앞 편의 내용에 따라 뒤편을 결제할지 말지 선택할 수 있지요. 따라서 독자는 책 한 권을 읽는 것보다 긴 시간 동안 편 단위로 분절된 이야기를 계속 따라갈지 말지 결정하며 완결까지 나아갑니다. 통상적으로 웹소설을 처음 읽기 시작한 사람 중 한 작품이 완결이 날 때까지 다 읽는 사람의 수는 10분의 1이 채 되지 않습니다. 결론과 주제를 목격하는 사람 자체가 적은 상황이다 보니 세계와 주인공이 아니라 오로지 주인공의 행동과 그 결과만을 바라보게 되고, 작품의 주제는 희미해질 수밖에 없지요.

문체 또한 웹소설에서 쉬이 발견하기 어렵습니다. 소설처럼 종이에 인쇄된 형태의 글이 아니라 독자가 편의에 따라 판형을 옮기며 자유자재로 문장을 조율할 수 있기 때문입니다. 언제든지 수정이 가능한 가변적 문장에, 한 편당 5,000자라는 분량의 물리적 제약까지 있지요. 그렇다 보니 작가마다 문체에 큰 차이가 있다고 보기 어렵습니다.

결국 웹소설의 작품들이 다른 작품과 뚜렷이 변별되는 건 바로 '구성'의 영역이라 할 수 있습니다. 소설 구성의 3요소는 인물, 사건, 배경입니다. 이 세 가지 요소를 이 책에서 주로 이야기해 왔던 용어로 다시금 설명하자면 캐릭터, 내러티브(또는 서사), 장르(또는 세계)가 됩니다.

캐릭터는 인물을 단순하게 영어 표현으로 바꾼 것만은 아닙니다. 캐릭터란 하나의 이야기를 대표하는 가장 작은 단위의 화소이자 핵심 코드를 뜻하기 때문입니다. 재미있는 예시 하나를 통해서 캐릭터가 가진 힘에 대해 설명해 볼까요. 서양의 경우 만화, 애니메이션, 소설, 게임, 영화 등 다양한 매체로 발매된 콘텐츠들을 '동일한 작품'으로 인식하게 만드는 기준은 '세계관'입니다. 반면 그 안에 존재하는 캐릭터는 얼마든지 바뀔 수 있습니다. 인어공주가 백인이 되었다가 흑인이 되기도 하지요. 스파이더맨이 남성과 여성을 넘나들 수 있는 건

'스파이더맨이 존재하는 세계'와 그 이야기의 뼈대 자체가 더욱 중요하기 때문입니다. 그러나 동아시아권에서는 캐릭터에 더욱 중요도를 부여합니다. 이야기의 흐름이나 뼈대가 다르고 그 안의 세계, 심지어 독자가 읽는 매체가 다르더라도 동일한 캐릭터가 등장하는 한 원작의 아우라를 갖고 있으며 연속된 이야기로 봅니다.

이러한 캐릭터에 아이러니를 부여하는 것이 바로 배경과 사건입니다. 배경은 캐릭터가 지속해 왔던 삶이자 캐릭터가 살아가는 세계를 뜻합니다. 이 세계 속에서 인물은 설정에 따라 반복되는 일상을 살아가고 있었을 겁니다. 그러나 이러한 일상을 단절하는 사건을 겪고 새로운 인생이 시작되며, 독자들은 바로 그 순간을 목격합니다. 이것이 우리가 몇 차례 이야기한 서사입니다.

웹소설의 제목은 캐릭터가 서사로 들어가는 순간을 담고 있습니다. 예를 들어 『F급 헌터, 포탈 능력으로 갑부 되다』라는 제목을 살펴봅시다. 제목의 주어 'F급 헌터'는 게임처럼 인간 사이에 계급이 갖춰진 사회를 배경으로 몬스터를 사냥하며 먹고사는 하층민 주인공을 보여 주죠. 그런데 이 캐릭터에게 '포탈 능력'이 생기는 사건이 발생하고, 하층민이었던 주인공은 '갑부'가 되어 인생 역전을 경험할 것으로 예상됩니다. 제목에서 등장하는 단어 몇 개만으로 주인공이 누구인지, 어떤 능력을 발휘해서 어떤 결말로 갈 것인지 추리 가능한 셈이지요.

이렇게 웹소설 제목에 대해 길게 설명하는 이유가 있습니다. 웹소설의 세계로 들어가는 마지막 관문이기 때문입니다.

지금까지 웹소설에서 찾아볼 수 있는 여덟 개의 대중적인 코드와 양식을 바탕으로 웹소설의 구조가 어떤 방식으로 만들어져 있는지, 웹소설을 어떻게 읽어야 하는지 기초적인 독법을 살펴봤습니다. 하지만 웹소설의 세계는 이 책에서 다룬 것보다 훨씬 광활합니다. 여러분도 앞으로 웹소설을 읽으며 여덟 개 코드를 종종 마주할 테지만, 반대로 말하면 너무 범용적이라 웹소설 하나하나 읽으며 적용해 보기에는 너무 넓고 추상적인 개념일 수 있습니다.

이를테면 여러분은 수학이라는 세계에 이제 막 첫발을 디딘 셈입니다. 사칙연산 기호들이 어떤 방식으로 작동하는지 알아보기 위한 아주 기초적인 산수를 익힌 것에 불과하지요. 이제 여러분이 해야 할 일은 이 코드들을 기반으로 실제 웹소설에서 등장하는 여러 가지 코드를 어떻게 조합할지 고민하는 것이며, 매일 새롭게 등장하는 작품들을 기꺼이 받아들이고 즐기는 것입니다.

코드는 장르의 가장 기초적인 틀이자 부품입니다. 장르라는 거대한 레고 완성품을 만들기 위한 작은 블록인 셈이지요. 문학 비평가 조너선 컬러는 "장르가 있기 때문에 장르를 쓸 수 있고 장르를 부술 수 있다"라는 말을 했습니다. 이 여덟 가지 코드는 범용적이고 추상적이지만, 웹소설을 처음 읽는 사람에게는 굉장히 낯설고 이질적으로 느껴질 겁니다. 먼저 이 코드들과 친해지고 나면 여러분은 웹소설의 세계를 자유자재로 넘나들 수 있을 겁니다.

웹소설의 진입장벽을 넘어

마지막 장까지 긴 이야기를 따라와 준 여러분께 감사하다는 인사부터 하고 싶습니다. 한 권의 책을 읽는 것은 한 사람의 이야기에 처음부터 끝까지 귀를 기울이는 것과 같기 때문입니다. 모두 자기 이야기를 하는 데만 골몰하는 이 시대에 다른 누군가의 이야기를 들을 줄 안다는 것은 귀한 능력입니다. 소중한 시간을 내어 주어 고맙습니다.

웹소설을 강의하면 마냥 즐겁기만 할 줄 알았는데, 의외로 당혹감을 마주한 적이 적지 않습니다. 강연자로서 제가 느끼는 당혹감이 아니라 수강생들이 느끼는 당혹감입니다. 회귀, 빙의, 환생, 퀘스트, 스트리밍, 후원, 공작, 북부대공, 정령, 메모라이즈, 스펠…… 낯선 고유

명사들이 아무런 부연 설명 없이 툭툭 늘어져 있는 것을 보고 웹소설 읽기나 쓰기를 포기해 버리는 이들이 많았습니다. 이들에게 웹소설의 구조가 어떻고 웹소설의 문법과 의미가 어떠하며, 장르의 체계나 역사를 이야기한들 아무 소용이 없었지요.

이 책은 웹소설의 문법이나 구조보다는 조금 더 원론적인 용어나 양식을 모르는 사람들이 어떻게 해야 웹소설을 쉽게 읽을 수 있을지 고민한 결과물입니다. 마치 웹소설이라는 세계에 막 들어선 여행자를 위한 가이드북처럼 만들고 싶었어요. 그래서 초반은 웹소설의 근간인 장르문학이 무엇인지부터 시작해 웹소설의 성질과 형태 등 거대한 구조에 대한 이야기를 중심으로 다뤘고, 후반은 웹소설의 주요 코드와 코드들이 조합되는 방식을 설명하는 데 힘썼습니다.

대학 강단에서 몇 년 동안 웹소설을 연구하며 장르비평가라는 직함으로 사람들 앞에서 여러 이야기를 하다 보니 공연히 글이 어려워진 것은 아닐까 내심 걱정이 되었습니다. 조금 더 가볍게 웹소설의 세계를 소개했다면 좋지 않았을까, 완성된 원고를 보면서 아쉬운 마음도 듭니다. 제가 알고 있는 세계를 아낌없이 나누기 위해서 문장 하나하나에 욕심을 눌러 담은 탓입니다. 독자 여러분의 질타와 격려는 여러 채널을 통해 귀 기울이고 있습니다. 늘 정진하겠습니다.

이 책의 기획을 먼저 제안하고, 게으른 필자가 마감을 몇 차례 어겨도 너그러이 다독이면서 마침내 책 모양을 갖추도록 도움 주신 유유출판사와 인수 편집자께 이 자리를 빌려 감사하다는 말씀 전합니다.

저는 앞으로도 웹소설에 대해 계속 이야기하며 살아갈 겁니다. 여러분이 웹소설의 세계에 머물러 있다면 언젠가 만날 날도 있겠지요. 이 책을 계기로 웹소설을 하나둘 읽기 시작하여 그 매력을 느꼈으면 좋겠습니다. 어느 시기에는 여러분이 적극적으로 웹소설의 시대를 영업할지도 모르겠지요. 그렇게 여러 궤도를 오가면서 우리가 한 번이라도 교차할 날이 온다면 더 바랄 나위가 없겠습니다.

화성 어귀에서
이융희

웹소설 보는 법
: 스토리 IP의 신세계가 궁금한 이들에게

2023년 9월 24일   초판 1쇄 발행

지은이
이융희

펴낸이	**펴낸곳**	**등록**	
조성웅	도서출판 유유	제406-2010-000032호(2010년 4월 2일)	
	주소		
	경기도 파주시 돌곶이길 180-38, 2층 (우편번호 10881)		
전화	**팩스**	**홈페이지**	**전자우편**
070-7731-2949	0303-3444-4645	uupress.co.kr	uupress@gmail.com
	페이스북	**트위터**	**인스타그램**
	facebook.com	twitter.com	instagram.com
	/uupress	/uu_press	/uupress
편집	**디자인**	**조판**	
인수, 이지혜	이기준	한향림	
		마케팅	**독자 교정**
		전민영	선혜련
제작	**인쇄**	**제책**	**물류**
제이오	(주)민언프린텍	다온바인텍	책과일터

ISBN 979-11-6770-070-4 03680
        979-11-85152-36-3 (세트)

땅콩문고